Günter F. Gross

Mut und Entschlossenheit

Günter F. Gross

Mut und Entschlossenheit

Die Multiplikatoren des Erfolges

verlag moderne industrie

Die Deutsche Bibliothek – CIP-Einheitsaufnahme

Gross, Günter F.:
Mut und Entschlossenheit – Die Multiplikatoren des Erfolges / Günter F. Gross. –
Landsberg/Lech : Verl. Moderne Industrie, 2001
ISBN 3-478-38820-1

http://www.mi-verlag.de

Umschlaggestaltung: Schlotterer, Grafikhaus München
Satz: abc Media-Services GmbH, Buchloe
Druck: Himmer, Augsburg
Bindearbeiten: Thomas, Augsburg
Titelfoto: Fotostudio Heinemann, 51570 Windeck
Printed in Germany 38820/020101
ISBN 3-478-38820-1

Inhalt

Kapitel 1
Die Macht, das eigene Leben selbst zu gestalten

Die Macht, das eigene Leben selbst zu gestalten

Der Mut
zur Freiheit.

Der Wille,
unabhängiger zu werden
von Menschen und Mächten.

Die Entschlossenheit,
sich nicht besiegen
und unterwerfen zu lassen.

Außergewöhnliche Begabung und hohe Intelligenz, beeindruckende Ideen, Kenntnisse und Informationen garantieren noch keinen Erfolg. Ohne Realisierung sind sie nicht mehr als ein Potenzial.

Erst Mut und Entschlossenheit, Ausdauer und Beharrlichkeit bringen sie zur Wirkung. Realisieren ist die Kunst der Könner. Der Motor des Erfolges ist die Tat und Mut bewegt mehr als Methode.

Jeder Tag liefert uns neue Probleme.

Das ist das Wesen des Lebens. Wer sich darüber wundert, hat die Spielregeln, die für unser Leben gelten, nicht verstanden.

Viele Menschen hoffen, dass sie von einem bestimmten Einkommen, Vermögen, einer beeindruckenden Positionshöhe und gewonnenen Reputation an nicht mehr von Problemen angegangen werden. Diese Hoffnung trügt.

Das Leben ist ein Hindernislauf.

Viele Hindernisse bekommen wir geliefert. Sehr viele liefern wir uns selbst. Wir machen uns das Leben unnötig schwer. Mit Klugheit, Mut und Entschlossenheit geht es leichter.

Realisieren ist die Kunst der Könner

Der Motor des Erfolges ist die Tat.

Begabung und Intelligenz, Ideen, Informationen und Kenntnisse sind ein Versprechen und ein Potenzial.

Ohne die Tat bewirken sie nichts.

Am Anfang allen Könnens steht die Klugheit.

Sie ist die Königin aller Tugenden und die Basis der Erfolgsbegabung. Sie weist den Weg zu dem, was sich lohnt, und warnt vor dem Falschen.

Ohne Klugheit gibt es keine erfolgreiche Strategie.

Ohne sie sind auch Mut und Entschlossenheit nur frei schwebende Kräfte, denen es am Gewinn bringenden Ziel mangelt.

Die Klugheit offenbart die Wahrheit. Sie zeigt uns, was ist, was wirklich ist und was es für uns bedeutet.

Ohne den Wert der Intelligenz schmälern zu wollen, der Klugheit kann sie nicht das Wasser reichen. Die Klugheit ist zuständig für das Richtige an sich. Die Intelligenz neigt dazu, sich vorschnell dem Folgerichtigen zuzuwenden.

Das Leben ist ein Hindernisrennen

Viele Hindernisse bekommen Sie geliefert.

Die meisten liefern Sie sich selbst.

Klugheit: Mehr im Kopf, weniger am Hals.

Klugheit wirkt über das herrschende Paradigma und den existierenden Rahmen hinaus.

Intelligenz ist fast immer innerhalb eines – häufig vorschnell – als richtig definierten Rahmens tätig.

Klugheit prüft die Prämissen und zweifelt sie an. Die Intelligenz hat es häufig zu eilig, auf der Basis gelieferter Prämissen tätig zu werden.

Intelligenz nimmt sich der Sachen an. Klugheit berücksichtigt mehr, dass es die Menschen sind, denen man sich erst einmal zuwenden muss, um anschließend intelligent auf die Dinge einwirken zu können.

Jeder kennt intelligente Versager.

Dieser Begriff klingt keineswegs hergeholt und unglaubwürdig. Ganz anders der Begriff ein „kluger Versager". Irgendwie klingt er nicht übertrieben glaubwürdig, denn jeder geht davon aus, dass Klugheit und Versagen sich ausschließen.

Jeder kennt Menschen, die nicht begreifen, was ihnen trotz ihrer hohen Intelligenz widerfahren ist. Dabei ließe es sich leicht erklären. Sie waren mit ihrer Intelligenz allein gelassen. Die Klugheit hatte sich aus dem Staub gemacht.

Ohne Mut

bleibt Klugheit ohne Wirkung.

Ohne Klugheit

fehlt dem Mut das lohnende Ziel.

Mut und Entschlossenheit befähigen Sie, das Richtige kraftvoll zu tun und das Falsche zu unterlassen.

Was aber ist falsch, was ist richtig? Diese Fragen richten sich an die Klugheit. Von ihr sind sie zu beantworten, bevor Mut und Entschlossenheit ihren Part übernehmen können.

Die Fragen an die Klugheit lauten: Warum? Warum überhaupt? Was?

Wenn die Klugheit gezeigt hat, was ist und was sein sollte, dann kann sich der Mut für diese Orientierungsleistung bedanken, mit der Realisierung revanchieren und den Wahrheitsbeweis für die Richtigkeit liefern.

Von allen Kardinaltugenden ist die Klugheit die größte.

Sie schützt Sie davor, von den falschen Voraussetzungen auszugehen und das für Ihren Lebenserfolg Bedeutungslose oder Zerstörerische anzustreben.

Ihr größter Besitz sind Ihre Erkenntnisse

Also hören Sie sich aufmerksamer zu, wenn Sie mit anderen darüber reden.

Erfreuen Sie sich nicht nur an dem, was Sie so klar erfasst und begriffen haben, sondern handeln Sie auch danach.

Wenden Sie das, was Sie anderen vermitteln, endlich selbst an.

Klugheit hilft Ihnen dabei, das Sinnvolle zu tun, das Unsinnige zu unterlassen und Ihre Realisierungskraft nicht aus Maßlosigkeit zu verschwenden.

Wenn Sie klug sind, dann vermeiden Sie die Kardinalfehler, die Ihnen den Lebenserfolg zerstören können: Ängstlichkeit und übertriebenes Sicherheitsstreben; Geltungssucht; Selbstfesselung, Lähmung und Verzögerungssucht; Gier; Herrschsucht und zerstörerisches Machtstreben.

Ängstlichkeit und übertriebenes Sicherheitsstreben.

Ohne Klugheit geraten Sie in die Gefahr, ein aus Angst, Furcht und Unsicherheit gespeistes, weit übertriebenes Sicherheitsdenken zu entwickeln. Sie setzen alles ein, um die absolute Sicherheit zu erreichen, und bewirken damit genau das Gegenteil: ein hohes Volumen an Unsicherheit.

Die Klugheit sagt Ihnen, dass es die absolute Sicherheit nicht gibt und dass diese mit dem Leben unvereinbar ist.

Vieles lässt sich mit Umsicht und einem Empfinden für die Bedeutung der Prävention sichern. Vieles lässt sich versichern und das sollten Sie auch professionell tun. Aber es gibt nicht die Sicherheit an sich. Das Leben kennt keine Sicherheit.

Das wahre Sicherheitsfundament, das wir besitzen, wird uns bei manchen Flügen beeindruckend demons-

Können Sie das Negative ändern ?

Nicht komplett. Nur zum Teil!

Tun Sie es

triert: Über uns die Sonne und unter uns das Sicherheitsfundament einer soliden, dichten Wolkendecke.

Wenn Sie, um Sicherheit zu gewinnen, alle Ihre Ressourcen einsetzen, dann bleibt Ihnen nichts mehr an Zeit und Kraft übrig für die Bewegung nach vorn. Die Mittel, die Sie hierfür brauchen würden, werden aufgefressen von der Befriedigung einer Maginot-Mentalität.

Ein pervertierter Absicherungsdrang paralysiert und nimmt Ihnen alle Kraft, die für die Bewegung eingesetzt werden müsste. Der überängstliche Mensch gräbt sich ein. Eingegraben ist zwar noch nicht beerdigt, aber weit entfernt davon ist es nicht.

Geltungssucht.

Geltungssucht gehört zum kostspieligsten überhaupt. Mit ihr mindern Sie Ihre Freiheit, unterwerfen sich dem Urteil anderer und machen Ihre Lebensqualität abhängig von dem, was andere über Sie denken oder äußern.

Gespeist wird Geltungssucht aus Unsicherheit und aus einem zu geringen Selbstwertgefühl. Man genügt sich nicht selbst, ist mit sich selbst nicht im Reinen, sondern vergleicht sich ständig mit anderen. Man möchte so wirken wie sie und stellt sonst etwas an, um von anderen gemocht, geschätzt, bewundert und gepriesen zu werden.

Erwachsen geworden

DAS ENDE

der Gewissheit,
des Glaubens,
der Hoffnung,
des Anspruchs,
der Forderung,

dass ein anderer
Ihre Probleme
für Sie löst.

Manche erfassen es früh.
Andere begreifen es nie.

Wenn Sie in dieser Lage sind, müssen Sie ständig die größten zeitlichen und finanziellen Verschwendungsaktionen vornehmen, um sich nicht als gefährdet zu empfinden durch ein mögliches negatives Urteil anderer über Sie.

Frei hingegen sind Sie, wenn Sie sich mit Mut und Gelassenheit eine positive Gemütslage und Zufriedenheit verschaffen können, ohne andere ständig dafür gewinnen zu müssen, dies bei Ihnen auszulösen.

Selbstfesselung, Lähmung und Verzögerungssucht.

Sie gehen fast völlig auf das Konto fehlenden Mutes und fehlender Entschlossenheit. Sie sorgen dafür, dass Sie nicht vorankommen, über lange Zeit die gleichen Probleme am Hals haben und dass Sie unfähig sind, Chancen zu ergreifen, wenn die Göttin der Gelegenheit vorbeikommt und sie Ihnen anbietet.

Viele zögern, warten und verschwenden damit ihr Leben. Sie lassen die Zeit einfach verloren gehen, ohne entschlossen tätig zu werden. Sie räumen keine Probleme aus dem Weg, ergreifen keine Chancen und bekommen die Dinge nicht in den Griff.

Sie fühlen sich als Opfer der herrschenden Bedingungen. Man hat sie im Leben an einer Stelle festgesetzt. Dort sitzen sie nun und warten darauf, dass sich etwas ereignet. Sie hoffen, dass andere etwas unternehmen, von dem sie dann profitieren könnten. Selbst

Gier Syndrom

Wenn das Wasser im Munde zusammenläuft, erfasst die Trockenheit das Gehirn.

können sie nichts tun. Das wissen sie und das können sie vor allem auch begründen.

Ihr Krieg ist der Stellungskrieg, ihre Behausung der Unterstand oder der Pensionserwartungsbunker.

Gier.

Sie ist der Gegenspieler der Kardinaltugend Mäßigung. Mit Gier wollen Sie alles und jedes. Ob Sie es brauchen oder nicht, Sie müssen es haben.

Die Gier zwingt Sie, alles zu ergreifen, was sich Ihnen bietet. Mit Gier werden Sie überall tätig und verschwenden Ihre Ressourcen. Sie schlucken mehr, als Sie verdauen können.

Gier ist der Fluch der Maßlosigkeit, die Konzentration auf das Quantitative, der Irrweg in die Gigantomanie. Der Schlachtruf der Gierigen lautet: „Haben, haben, haben!" Auf der Strecke bleibt das „Sein!".

Herrschsucht und zerstörerisches Machtstreben.

Sie führen irgendwann in die Katastrophe. Wirkliche Macht besitzt der, der sie anderen zu geben vermag und dies auch tut – nicht aber der, der andere unterdrücken muss, um die eigene Macht zu sichern.

Der Besitz von Macht sollte Sie nicht dazu verführen, sie bedenkenlos einzusetzen. Wer Macht hat, der bedarf der Disziplin, fair, gerecht und gesittet mit ihr umzugehen.

Macht schenkt die Chance, großzügig handeln zu können. Wer großzügig ist, verfährt auch großzügig. Es gibt kein Charisma ohne Großzügigkeit. Kleingeistigkeit und Herrschsucht degradieren kontinuierlich den, der damit ausgestattet ist.

Die Pflicht der Mächtigen ist es, mit ihrer Macht die Welt zu bereichern und nicht nur ein Maximum für sich aus der Welt herauszuholen.

Die Obsession, ständig siegen zu müssen.

Zu den größten Unklugheiten und Erfolgsfehlern gehört es, ständig andere besiegen zu müssen. Dies mag im Sport eine Berechtigung haben, im Zusammenleben und Zusammenwirken der Menschen ist es ein falscher Ansatz.

Millionen kleine Sieger sind tagtäglich im Straßenverkehr unterwegs. Für sie ist der Straßenverkehr die Fortsetzung des Krieges mit anderen Mitteln. (Und die Radfahrer sind die Partisanen.)

Bei manchen ist die Manie, immer siegen zu müssen, eng verbunden mit dem Willen, andere zu unterwerfen, Freie zu versklaven und in das eigene Herrschaftsgebiet einzubeziehen.

Gespeist wird dieses Verhalten auch aus dem Gefühl der eigenen Unsicherheit und dem Streben, mehr Sicherheit zustande zu bringen. Alles, was einen gefährden könnte, muss aus dem Weg geräumt werden. Nichts Vergleichbares darf neben einem geduldet werden.

Häufig sind die Gründe Gier, Geltungssucht und nacktes Machtstreben. Es geht darum, Macht über andere zu gewinnen, ihnen den eigenen Willen aufzuzwingen und sie zu unterwerfen. Die anderen sollen zur Kenntnis nehmen, wer das Sagen hat.

Diese Art von Machtstreben kennt gegenüber anderen Menschen weder Respekt noch die Absicht, die Würde der Menschen zu erhalten. Es ist ein zerstörerischer Trieb.

Wir leben in einer Gesellschaft des Gebens und des Nehmens. Die Interessen der anderen sind zu respektieren. Jean Monnet: „Man darf nicht gegen die zentralen, berechtigten Interessen eines anderen handeln."

Unbesiegt bleiben.

„Wie werde ich Sieger?" Dieser Ansatz hilft Ihnen im Leben weit weniger als der Ansatz: „Wie bleibe ich unbesiegt?"

Die Fragen, die wir uns stellen müssen, lauten: „Wie bleibe ich das, was ich bin, und wie werde ich das, wofür ich angelegt bin? Wie bleibe ich frei und unversklavt?"

„Wie erhalte ich mir meine Lebensfreude, meine innere Ruhe und mein positives Denken? Wie schaffe ich es, das tun zu können, was mir liegt, woran ich Freude habe und womit ich mir und anderen Außergewöhnliches zu geben vermag?"

Tun Sie alles, um sich nicht besiegen zu lassen. In diesem Sinne sind Ihre Ziele, standhaft zu bleiben, etwas tapfer durchzustehen, sich nicht degradieren zu lassen, sich Ihre Würde zu erhalten und intakt zu bleiben.

Siege in dem Sinne, sich nicht besiegen zu lassen, sind die Erhaltung und die Zurückgewinnung Ihrer Freiheit, der Freiheit Ihrer Gedanken, der Befreiung von dominierenden und terrorisierenden Themen, von der gedanklichen und sonstigen Verknüpfung mit anderen, die bisher Macht über Sie und Ihre Gedanken ausgeübt haben.

Ein Sieg der besonderen, für viele eher ungewöhnlichen Art, ist der strategische Rückzug. Er beendet den Zustand der überdehnten Fronten.

Mit ihm gewinnen Sie Handlungsfreiheit zurück und die Verfügungsgewalt über die eigenen Ressourcen. Vielfach werden Sie auch frei von zukünftigen Bedrohungen.

Alle wirklichen Siege sind ihrem Wesen nach gelungene Befreiungen. Sie sind Siege in der Hinsicht, dass Sie bestimmten Personen und Themen nicht mehr unterworfen sind.

Die ergiebigste Form des Siegens ist der Sieg über sich selbst. Fast jeder Sieg eines Sportlers besteht aus dieser Form des Sieges. Er besteht aus der Überwindung von Angst und Furcht, von Besorgnissen und Befürchtungen, von Kleinmut und Zweifeln.

Die Klugheit sagt Ihnen, dass kein Mensch immer siegen kann.

Die Erfahrung lehrt uns, dass ein Sieg der Anfang vom Ende sein kann: „Noch ein solcher Sieg und wir sind erledigt."

Beispiele dieser Art erfahren wir ständig: Zwei Firmen kämpfen darum, ein anderes Unternehmen zu übernehmen. Eines der Unternehmen siegt und verfügt damit über eine neue Tochter.

Sehr schnell stellt sich heraus, dass es sich nicht um eine neue Tochter, sondern um eine verkleidete Zeitbombe handelt. Das glänzende goldene Haar ist in Wirklichkeit der Zünder.

Wenn das Siegen völlig im Mittelpunkt des eigenen Denkens steht, dann ist das Ausschalten der Konkurrenten das Maß für alles Handeln.

Steht hingegen der Kunde im Mittelpunkt aller Betrachtungen, dann rückt die Gestaltung der eigenen Leistungen in den Vordergrund.

Je mehr Sie auf die Konkurrenz starren, umso weniger können Sie klar erfassen, was die Kunden

Genug ist genug

Die Tatsache, dass Sie es bisher falsch gemacht haben, sollte Sie nicht daran hindern, es von jetzt an richtig zu machen.

benötigen, um ihnen das dann in unnachahmlicher Form zu bieten.

Der einzige Weg zum eigenen Erfolg ist der konstruktive. Er besteht darin, anderen dabei zu helfen, Erfolge zu erzielen. Erfolgreich werden Sie nur indirekt. Je wichtiger Sie für andere werden, umso mehr werden Sie belohnt. Gewinnen tun Sie nicht, indem Sie andere reduzieren und zerstören, sondern indem Sie der Beste werden auf dem Gebiet der Leistungen.

DIE HÖCHSTE FORM DES SIEGES IST DIE GEWINNUNG DES FRIEDENS.

Ihren Erfolg bestimmen Sie allein.

Keiner von uns hat einen Naturrechtsanspruch auf Erfolg und die Bedingungen, die er gern hätte. Wenn diese Bedingungen existieren, dann handelt es sich um einen Glücksfall, oder Sie haben es verstanden, diese Bedingungen zu schaffen.

Hören Sie auf, über die Notwendigkeit besserer Bedingungen zu reden und auf günstigere Bedingungen zu hoffen und zu warten. Warten Sie vor allem nicht auf die Rückkehr der Normalität.

Die idealen Bedingungen bekommen Sie nicht durch das Absingen von Klageliedern, sondern nur, wenn Sie sich aufraffen zur Tat.

Optionen

Das Negative erwarten:
Was wird mir passieren?

Das Positive schaffen:
Was werde ich unternehmen?

Bedingungen sind das, was sie sind.

Sie sind weder schlecht noch gut. Sie existieren einfach. Die negativen Aspekte fallen uns jedoch stärker auf als die positiven. Das Negative bedroht und behindert uns. Hierfür ist unsere Wahrnehmungsfähigkeit hoch entwickelt.

Das Positive hingegen ist nicht zu fürchten. Also scheint es, dass man sich darum auch nicht kümmern muss. Es wird kaum wahrgenommen, ist aber existent.

Lernen Sie das Positive entdecken und erkennen. Ermitteln Sie entschlossen, was positiv ist. Verstärken Sie es und bauen Sie es aus.

Normale Verhältnisse wird es nicht mehr geben.

Alles gerät in Bewegung. Nichts bleibt stabil. Treppen werden auf einmal kein Geländer mehr haben. Wo früher eine Treppe war, wird sie plötzlich fehlen.

Früher saßen wir in einem Boot auf einem Strom, der sich eher träge bewegte. Heute haben wir es mit einem Marathon auf der Geisterbahn zu tun.

Die äußere Stabilität nimmt ab. In dem Maße, in dem sie es tut, muss Ihre innere Stabilität zunehmen. Eine Abnahme außen und innen können Sie sich nicht leisten.

Die Feinde des Erfolges

Furchtsamkeit.

Entscheidungsschwäche.

Verzögerungssucht.

Wunschdenken.

Faulheit.

Neid.

Herrschsucht.

Gier.

Unzuverlässigkeit.

Unfreundlichkeit.

Fehlende Integrität.

Branchen werden gewinnen und verlieren. Eine wird jedoch immer wichtiger werden, je mehr das Tempo und das Volumen der Veränderungen zunimmt: „The Business of Survival."

Sie können sich nirgendwo mehr festhalten. Sie müssen Ihr eigener Anker sein, in sich selbst gesichert sein und aus sich selbst heraus handeln. Dafür brauchen Sie Mut, Standfestigkeit und Gelassenheit.

Das Realisierungsvermögen von früher reicht heute nicht mehr aus.

Es reichte nur in einem Zeitalter verhältnismäßiger Beständigkeit. Das Volumen dessen, was Sie zu bewältigen haben, um erfolgreich zu sein, wird wachsen. Die Zeit, die Sie pro Tag geliefert bekommen, wird auch weiterhin 24 Stunden betragen.

Die heutige Welt gestattet uns nicht mehr, mit unserer Zeit so umzugehen wie früher. Wir werden es lernen müssen, bei gleich bleibender Zeitmenge die Kaufkraft unserer Zeit, bezogen auf Ergebnisse, zu erhöhen.

Anders ausgedrückt, wir müssen die Produktivität der von uns eingesetzten Zeit steigern. Die wirksamsten Mittel dafür sind Mut und Entschlossenheit.

Erfolgsarten

1 **Erfolg nach außen**

2 **Erfolg nach innen**

3 **Verbesserung Ihrer Erfolgsbedingungen**

4 **Erhöhung Ihrer Erfolgsfähigkeit**

5 **Lebenserfolg**

Was ist Erfolg?

Für die meisten ist Erfolg ein Sammelbegriff für alles Positive. In diesem Sinne benutzen sie das Wort, verharren auf der Überschriftsebene und gehen davon aus, es gäbe den Erfolg an sich.

So ist es keineswegs. Um zu erfassen, was Erfolg wirklich ist, müssen Sie die Überschriftsebene verlassen und die einzelnen Erfolgsarten betrachten. Es gibt fünf verschiedene Arten von Erfolg.

Erfolgsart Nr. 1: „Der Erfolg nach außen".

Bei dieser Art von Erfolg geht es um die Leistungen, die Sie in einer arbeitsteiligen Gesellschaft gegenüber Außenstehenden erbringen.

Es ist das, was Sie für Außenstehende leisten und wofür Sie von diesen belohnt werden. Dabei kann es sich beispielsweise um die Herstellung und den Verkauf von Erzeugnissen und Dienstleistungen handeln.

Diese Art von Erfolg basiert auf der Qualität, die Sie anderen bieten. Die Qualität selbst manifestiert sich in ihrer Geeignetheit für den Zweck, den Ihre Partner anstreben.

Es ist der Erfolg im Wettbewerb mit anderen in die Welt hineinwirkenden Wettbewerbern.

Fatalist:

<u>Damit</u>

konnte keiner rechnen!

Realist:

<u>Damals</u>

konnte keiner rechnen!

Erfolgsart Nr. 2: „Der Erfolg nach innen“.

Sie sind in einem bestimmten Rahmen oder einer Organisation tätig und wirken aus diesem Rahmen nach außen. Wie erfolgreich Sie das können, ist abhängig von dem, was Sie innerhalb des Rahmens zustande gebracht haben – die Gewinnung qualifizierter Mitarbeiter und deren professionelle Führung.

Darüber hinaus geht es um das, was Sie selbst innerhalb Ihrer Organisation gewonnen haben: Unterstützung, Wohlwollen und Förderung, Ansehen und Einfluss, Befugnisse und Handlungsfreiheit.

Erfolg hier ist alles, was Ihnen dabei hilft, Ihre Einflussmöglichkeiten, Ihren Freiheitsspielraum und Ihre Gestaltungsmacht zu erhöhen.

Erfolgsart Nr. 3: „Die Verbesserung Ihrer Erfolgsbedingungen“.

Sie erreichen diese Art von Erfolg, wenn Sie sich von der Vergangenheit befreien, die Routine sprengen, sich von Vorurteilen trennen und wenn Sie Lösungen, die Sie bisher ausgeschlossen haben, als anwendbar akzeptieren.

Sie werden hier erfolgreicher, indem Sie Ihre Grundüberzeugungen überprüfen, Ihr Wertesystem

Ihr immaterielles Vermögen

Gesundheit
Vitalität
Erkenntnisse
Enthusiasmus
Elan
Mut
Entschlossenheit
Gelassenheit
Realisierungskraft
Zufriedenheit
Humor
Fröhlichkeit
Freiheit

Ihr materielles Vermögen dient der Erhaltung und Förderung Ihres immateriellen Vermögens.

verändern, sich neu positionieren, Ihre Prioritäten ändern, bessere Ziele wählen und ein neues Gefüge für die Zuordnung Ihrer zeitlichen und finanziellen Mittel etablieren, also Ihre Strategie verbessern.

Damit gelangen Sie auf eine neue Erfolgsplattform, werden fähig, eine Epoche zu beenden und in eine neue Epoche Ihres Lebens hineinzugehen.

Erfolgsart Nr. 4: „Die Steigerung Ihrer Erfolgsfähigkeit".

Diese Art von Erfolg manifestiert sich in der Steigerung Ihrer Realisierungskraft und Ihres Realisierungskönnens.

Es ist der Erfolg bei der Verteidigung Ihrer Zeit und bei der Gewinnung von Zeit, Kraft und Stimmung.

Die Entwicklung Ihrer Entschlusskraft, Ihres Empfindens für Dringlichkeit, die Steigerung Ihrer Schnelligkeit und die Erhöhung Ihrer zeitlichen Produktivität.

Die Gewinnung von Vitalität, Enthusiasmus, Wagemut, Entschlossenheit, Gelassenheit und Antrieb.

Der horizontale Mensch

→ → →

zieht von Tag zu Tag routinemäßig durch die Jahre.

Der vertikale Mensch

↑ ↑ ↑

geht von Tag zu Tag auf eine höhere Stufe.

Erfolgsart Nr. 5: „Ihr Lebenserfolg".

Der Lebenserfolg ist die ultimative Erfolgsart und muss von den vier anderen Erfolgsarten bewirkt und gefördert, nicht aber, wie es häufig der Fall ist, beschädigt oder gemindert werden.

Das Ziel des Lebenserfolgs besteht darin, sich selbst zu erhalten, das zu werden, wofür man angelegt ist, und möglichst unbeschädigt durch das Leben zu gehen.

Lebenserfolg manifestiert sich in Ihrer Gesundheit und Vitalität, Ihrer Freiheit und Gelassenheit, Ihrer Fröhlichkeit und Ihrem Enthusiasmus.

Lebenserfolg erreichen Sie, wenn das Leben Sie nicht negativ verformt. Hier geht es nicht nur um die großen Beeinträchtigungen und Schäden, sondern vor allem auch darum, dass Sie verhindern, dass die Routine und die Alltäglichkeit Sie selbst alltäglich machen.

Wir sind gewöhnt, über Grundsätze und Methoden zur Erzielung materieller Erfolge nachzudenken. Anders sieht es beim Lebenserfolg aus. Er ist viel weniger Gegenstand einer professionellen gedanklichen Durchdringung.

Materieller und immaterieller Erfolg.

Erfolg wird fast immer im engen Sinne als materieller Erfolg gesehen. Der Vermögensbegriff ist dem materi-

Bessere Verhältnisse
müssen Sie nicht immer erarbeiten

Ändern Sie Ihr Verhalten und die gewünschten Verhältnisse sind da !

ellen Vermögen vorbehalten. Reichtum und Armut werden finanziell definiert.

Kein Mensch wird wirklich Lebenserfolg erzielen, wenn er den Erfolgsbegriff so einseitig sieht. Wir müssen vielmehr davon ausgehen, dass es ein materielles und ein immaterielles Vermögen gibt, einen materiellen Erfolg und einen immateriellen.

Wer sich über die Bedeutung des immateriellen Erfolges klar ist, wer weiß, was dazu zu rechnen ist, und wer den Nutzen erkennt, der wird dieses Thema mit Klugheit und strategischer Kunst angehen.

Vielfach wird von der Prämisse ausgegangen, dass sich der immaterielle Erfolg automatisch aus den vier erstgenannten Erfolgsarten ergibt.

Das ist keineswegs so. Wir sehen ständig Beispiele erfolgreicher Persönlichkeiten, die mit ihrer Arbeit, ihren Projekten und ihrer Leistung die größten Erfolge erzielen, die jedoch hinsichtlich ihres eigenen Lebenserfolgs eher als gescheiterte Existenzen zu gelten haben.

Dabei ist durchaus die Frage, ob sie das selbst wahrnehmen, wissen und wissen wollen. Die Suggestivkraft dessen, was sie bei den anderen Erfolgsarten erreichen, die sich daraus ergebende erwärmende Wirkung, scheint sie von der Wahrnehmungsfähigkeit für das zu befreien, was im Leben entscheidend ist.

Diese Persönlichkeiten suchen ihren Erfolg ausschließlich im Wettkampf mit anderen.

Ihr Erfolgsziel und ihre Erfolgsdefinition ist die Abhebung von anderen und die Gewinnung einer herausragenden Stellung. Es geht ihnen nicht darum, zu erreichen, was sie sein könnten, verglichen mit sich selbst. Es geht immer nur um sich im Vergleich zu anderen.

Wenn sie an anderen vorbeiziehen und damit Erfolg haben, dann kann das durchaus dazu führen, dass sich ihre Lebensqualität verbessert. Es muss aber keinesfalls so sein. Es gibt genügend Sieger, die mit ihrem Sieg sich selbst, ihre Freiheit und große Teile ihres immateriellen Vermögens verloren haben.

Lebenserfolg gewinnen Sie in dem Maße, in dem Sie unabhängig bleiben, sich selbst gehören und sich Ihre Selbstachtung und Ihr Selbstbewusstsein erhalten.

Zu den großen Zielen gehört, dass Sie zeitlich nicht in Armut geraten, nicht ständig an der Grenze Ihrer Kräfte sind, vor allem aber, dass Sie sich die Fähigkeit erhalten, anderen Schutz, Ermutigung und Fröhlichkeit liefern zu können.

Der Kampf um Ihre persönliche Freiheit.

Betrachten Sie ihn als eine zentrale Aufgabe Ihres Lebens.

Prüfen Sie alles, was Sie vereinbaren und tun darauf hin, wie es Ihnen bei der Gewinnung und Erhaltung Ihrer Unabhängigkeit und der Lösung aus Verknüpfungen und Unterworfensein hilft.

Werden Sie wach für das Erfassen der Risikofaktoren, die Ihre Freiheit unterminieren könnten. Geben

Sie nicht fahrlässig Teile Ihrer Freiheit auf. Erhalten Sie sich so viel wie möglich von Ihrer Autonomie. Kämpfen Sie um die Befähigung zu befreienden Aktionen. Gewinnen Sie auch gerade hierfür mehr Mut.

Kapitel 2
Realisieren ist die Kunst der Könner

Ihr Erfolg, Ihre Unabhängigkeit und Ihre Lebensqualität werden zukünftig direkt Ihrer Fähigkeit entsprechen, Chancen entschlossen zu ergreifen und Probleme gelassen und professionell zu lösen.

Dafür wird Ihr fachliches Können immer erfolgsentscheidend sein. Es reicht aber nicht aus. Im Zeitalter rapider Veränderungen, steigenden Wettbewerbs und grundsätzlicher Unsicherheit werden Sie nur dann Erfolg haben, wenn Sie ein großer Realisierer werden.

Ihr Realisierungsvermögen entscheidet darüber, ob Ihr fachliches Können überhaupt wirksam werden kann.

Wenn Sie Ihr Realisierungsvermögen erhöhen, werden Sie nicht nur Probleme los. Sie gewinnen auch zeitliche Reserven und kommen schneller heraus aus der Hetze und Hektik.

Sie werden freier, bringen Gelöstheit und Gelassenheit in Ihr Leben, wirken anders für sich und anders auf andere.

Realisierungsvermögen besteht aus Realisierungskraft und Realisierungskönnen.

Realisierungskraft ist das Ergebnis von Mut, Entschlossenheit, Beharrlichkeit und Ausdauer.
Realisierungskönnen hingegen ist das Ergebnis Ihrer strategischen Kunst und Ihres heuristischen Könnens.

„REALISIEREN" ist ein eigenes Fach- und Studiengebiet. Viele vernachlässigen die Funktion des Realisierens deshalb so sehr, weil sie davon ausgehen, mit Wissen und Wollen wäre der Weg zum Erfolg bereits fast gegangen.

Realisieren muss man lernen.

Man kann es nicht einfach. Es ist ähnlich wie mit den Funktionen REDEN und BERATEN. Viele, die inhaltlich etwas zu bieten haben, nehmen an, sie wären dank der Substanz, die sie liefern können, bereits auch professionelle Redner. Wir erleben täglich, dass das nicht stimmt.

Beim Beraten ist es ähnlich. Viele Fachleute verfügen über Türme des Wissens. Trotzdem sind sie unfähig, dieses Wissen in eine Leistung zu verwandeln, die den Empfänger so voranbringt, wie er sich das wünscht.

Realisierer
Man müsste mal ...
Ich werde jetzt ►►►
© Günter F. Gross

Nur wenige Menschen sind professionelle Realisierer.

Nur sie haben erkannt, dass es sich beim Realisieren um eine eigene Disziplin handelt. Sie wissen, nichts gibt es ohne die Tat, und gezahlt wird erst am Ziel.

Ein Vorrat von Ideen und Vorhaben ist zu bewundern, aber die Existenz einer Gewinn bringenden Substanz reicht nicht aus. Der Inhalt muss bewegt und transportiert werden hin auf ein Ziel.

Wissen ist Lagerhaltung. Können ist die Befähigung, dieses Lager zu nutzen. Realisieren ist die Umwandlung des Potenzials in Taten.

Die Mehrheit der Menschen hofft und redet.

Viele sind Hoffnungsträger. Sie tragen ihre Hoffnungen vor sich her. Sie sollten aufhören zu hoffen und anfangen zu handeln. Sie möchten sich verwirklichen. Das geht. Sie müssen nur anfangen, etwas zu verwirklichen.

Sie wünschen sich den großen Erfolg und sind überzeugt, an ihnen könne es nicht liegen, wenn sie es noch nicht geschafft hätten.

Ihr Leben lang sind sie auf der Suche nach dem leichten Weg. Sie versuchen alles, um sich nicht der Notwendigkeit von Fleiß und Arbeit aussetzen zu müssen.

Realisierungs-Funktionen

Entscheiden

Beginnen

Beschleunigen

Verfolgen

Beenden

Sichern

Bestärkt werden sie in ihrer Hoffnung von den Nachfahren Eulenspiegels.

Sie bieten ihnen den Stein der Weisen und versichern ihnen, man müsse nur mehr scheinen als sein, dann würde alles von selbst geschehen.

Hierauf fallen zuweilen auch diejenigen herein, die es besser wissen müssten, denn sie haben bisher ihr Geld damit verdienen können, dass sie Leistungen lieferten.

Nichts lässt sich gewinnen ohne die Tat.

Nicht die Stärke des Wunsches bringt das Ergebnis, sondern das kraftvolle Handeln gepaart mit Ausdauer und Beharrlichkeit.

Wenn Sie sich einreden lassen, dass es möglich ist, erfolgreich zu werden, ohne ein kraftvoller Realisierer zu sein, dann werden Sie zu dem, was Nietzsche so eindrucksvoll benannt hat: „Opfer der Verkündigungen der Legionäre des Augenblicks“.

Reden ist kein Handeln. Klagen keine Konsequenz.

Über wen und was reden Sie seit Wochen, ohne etwas zu tun?

In einer Welt der Unterhaltung wirken gigantische Ankündigungen farbiger als professionell erbrachte Leistungen.

Die Scheinwerfer sind auf die Paradiesvögel gerichtet. Sie faszinieren die Masse derjenigen, die sich den großen Erfolg wünschen und ihre Lebensqualität nicht durch Arbeit reduzieren möchten.

Die Leistungselite handelt anders.

Sie erzielt ihre Erfolge eher im Verborgenen. Sie hat so viel damit zu tun, etwas professionell geschehen zu lassen, dass sie keine Zeit verschwenden kann für Ankündigungen.

Kein Gemeinwesen kann leben ohne diese verborgene Elite. Ein beeindruckendes Beispiel sind die jungen Handwerksmeisterinnen und -meister mit ihrer exzellenten Ausbildung, ihrem Qualitätssinn, Elan und Fleiß.

Die großartigen Vorhaben blenden. Die tägliche Tapferkeit vieler Frauen und Männer ist für die Öffentlichkeit ohne Glamour.

Die Formulierung einer Ankündigung gigantischer Erfolge in der Zukunft erfordert nur wenige Minuten. Die Realisierung hingegen kostet auch bei weit geringeren Erfolgen manchmal Jahre.

Simulanten

**Sie hocken
in den Startlöchern
und schwelgen
von ihren Vorhaben.**

**Sie leben in Konferenzen,
strampeln auf Hometrainern
und simulieren
die Tour de France.**

**Es wird gehupt
und Gas gegeben.
Der Motor heult.
Die Kupplung fehlt.
Kein Rad bewegt sich.**

Die großen Ankündiger haben es gut.

Sie sind noch nicht von Taten erschöpft. Sie brauchen auch zukünftig keine Zeit und Kraft für die Taten, denn sie haben einen anderen Tatenbegriff. Ihre Art von Taten sind die Ankündigungen: „Kommen Sie rein, kommen Sie ran!“

Früher war es üblich, Geld für erbrachte Leistungen zu erhalten.

Heute existiert eine wachsende Gruppe von Menschen, die leistungsfrei versuchen, mit der magnetischen Kraft von Ankündigungen an das Geld von hypnotisierten Gläubigen heranzukommen.

Aus den Gläubigen werden später Gläubiger, aber das stellen sie erst fest, wenn sie aus der Trance erwachen.

Früher brauchte man einen Motor, um sich auf den Weg zum finanziellen Erfolg zu machen. Heute reicht manchen – für einige Zeit – ein Lautsprecher.

Man muss es natürlich noch realisieren !

Richtig. Was sonst?

Kein anderer ist unterwegs, um Ihren Erfolg für Sie zu erarbeiten.

Alle arbeiten an ihrem eigenen Erfolg. Für Ihren Erfolg sind Sie selbst zuständig.

Viele studieren ständig den Fahrplan des Erfolges. Nur wenige haben ein Gefühl für Dringlichkeit, machen sich auf den Weg und reisen ab zum gewählten Ziel.

Die Welt ist voller Gerede.

Eine Lawine von Wörtern und Bildern bricht täglich über uns herein. Knappheit hingegen herrscht an kraftvollen Taten. Nur wenige machen den Sprung vom Reden zur Tat. Viele betrachten das, was sie von sich geben, bereits als eine Leistung hohen Ranges.

Sie sitzen in ihren Startlöchern und feiern ihre Vorhaben.

Sie glauben, sie hätten bereits alles, was sie brauchen: den Wunsch, Erfolg zu haben, das nötige Wissen und den Zugang zu allen Informationen dieser Welt.

Manche von ihnen nehmen ab und zu sogar Anlauf. Doch dann, wenn es schwierig für sie wird, verlassen

Realisieren... Kletterkunst.

Verwandeln Sie die Steilwand in eine Treppe.

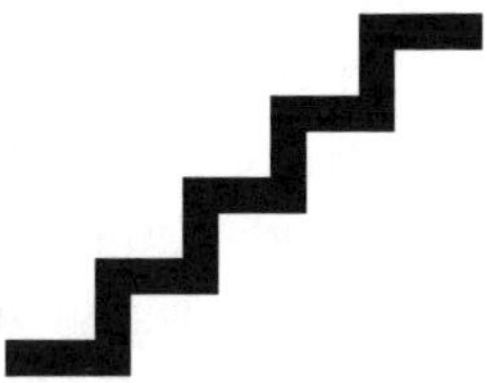

Erarbeiten Sie einen Stufenplan.

sie die Aschenbahn. Sie gehen erst einmal zur Massage, um sich von anderen ihre lädierte Stimmung aufpolieren zu lassen. (Auf die Plätze, fertig, Schluss!)

Viele Menschen geben einen Spruch von sich, von dem sie nicht merken, welche Komik er in sich birgt.

Bedeutungsschwer und mit großem Ernst liefern sie bei jeder geäußerten Idee ihren Standardkommentar: „Man muss es natürlich noch realisieren!"

Hier schwingt die geradezu beleidigte Einsicht mit, dass sich Ideen nicht von selbst in ein Ergebnis verwandeln, sondern mit der Zumutung auftreten, realisiert werden zu wollen.

Der Spruch zeigt, dass viele durchaus bereit sind, eine Idee zu diskutieren. Was sie jedoch hassen, ist die Umwandlung der Idee in Arbeit. Damit möchten sie nichts zu tun haben. Das hat für sie den Charakter einer Zumutung.

Die Freude über eine gewonnene Idee nimmt bei ihnen in dem Maße ab, in dem ihnen klar wird, dass jetzt etwas zu geschehen hat. Das sehen sie als unerträglich an und nicht als eine Selbstverständlichkeit: „Man muss es natürlich noch realisieren!" Selbstverständlich, was sonst?

Für die Leistungselite ist das Realisieren das zentrale Element ihrer Lebensführung. Der Übergang von der

Falsch

Je mehr Sie bereits realisiert haben, umso kleiner ist Ihr Potenzial.

Richtig

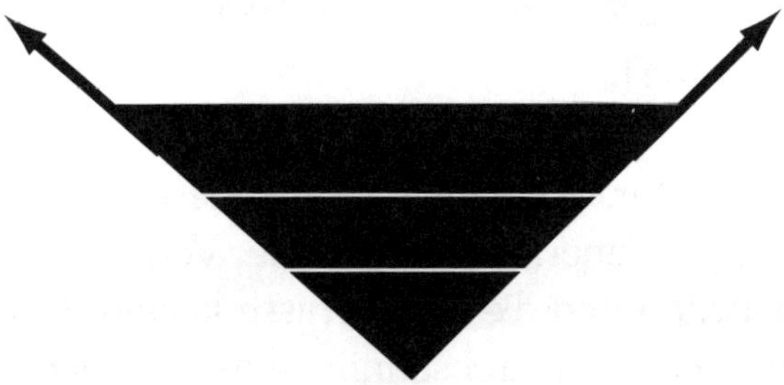

Je mehr Sie bereits realisiert haben, umso größer ist Ihr Potenzial.

Gewinnung einer begeisternden Idee zur Phase der Realisierung erfolgt bei ihnen stufenlos.

Nur die Realisierer bringen uns voran.

Wenn das erst einmal stärker erkannt wird, dann wird es auch leichter, die vollmundigen Blender von den Frauen und Männern zu unterscheiden, die mit Mut, Tapferkeit und Fleiß Werke zustande bringen.

Dann werden wir nicht mehr der Propaganda derer ausgeliefert sein, die uns mit einer Flut von Worten glauben machen wollen, dass das, was sie von sich geben, bereits die Begründung dessen ist, was wir benötigen.

Die Eliteorganisation besteht aus Realisierern.

Der Erfolgsunterschied zwischen denen, die kraftvoll handeln, und denen, die über die Verhältnisse, die Schwierigkeiten und die Hindernisse klagen, ist gigantisch. Wofür der Durchschnitt ein bis zwei Jahre benötigt, brauchen die großen Realisierer manchmal nur Tage.

Senken Sie den zeitlichen Einkaufspreis für Ergebnisse

Auch bei Zeitpreisen erhalten Sie Rabatt. Sie müssen sich jedoch vorher dafür ausweisen:

Mit Mut und Entschlossenheit

Nur Realisierer besitzen Charisma.

Das ist so, denn Charisma erweist sich durch Werke. Ohne Werke gibt es kein Charisma. Hört es mit den Werken auf, geht auch das Charisma verloren.

Arbeit ist keine Leistung. Erst das Ergebnis der Arbeit ist die Leistung.

Für viele Ergebnisse wird zu viel Arbeit aufgewandt. Der zeitliche Einkaufspreis, den Sie für die Erzielung von Ergebnissen bezahlen, ist fast immer überhöht. Mit Mut bekommen Sie zeitlich Rabatt.

Nichts beschwingt mehr als die erfolgreiche Offensive.

Entlastet fühlen Sie sich nur, wenn Sie vorangekommen sind. Wenn Sie zwölf Stunden lang mit größtem Erfolg vorangegangen sind und realisiert haben, fühlen Sie sich danach jung, frisch und beschwingt.

Wenn Sie hingegen zwar nur acht Stunden gearbeitet haben, aber nicht vorangekommen sind und immer noch vor einem Berg der unerledigten Arbeit stehen, dann fühlen Sie sich erschöpft, angegriffen, ausgelaugt und deprimiert.

Belastet werden Sie durch das Nicht-Vorankommen, das Gefangen- und Gefesseltsein in einem Stellungskrieg. Entlastung aber liefert Ihnen die erfolgreiche Offensive oder die Standhaftigkeit in der Defensive.

Ihr Realisierungsvermögen lässt sich vervielfachen.

Jeder von uns hat diese Erfahrung gemacht: Man hat sich über Monate damit abgegeben, sich langsam den Startlöchern zu nähern, sie zu umkreisen, in ihnen Platz zu nehmen und ein Palaver zu halten. Ohne dass wirklich etwas geschah.

Eines Tages passierte dann etwas Unerklärliches. Es kam ein glücklicher Augenblick. Aus irgendeinem Grund wurde man fähig zur Tat.

Innerhalb weniger Minuten gelang es, das zu erreichen, worüber man vorher in einer für andere fast unerträglichen Weise jahrelang nur geredet hatte.

Was war der Auslöser für diese so plötzlich gewonnene Befähigung? Es war ein Auslösemechanismus, bestehend aus Leichtigkeit, Gelassenheit, Mut und Entschlossenheit. Dieser Mechanismus nahm die Kugeln vom Bein und befreite vom Katalog der Besorgnisse, Erwägungen und Zweifel.

Nutzen Sie diesen Wirkmechanismus und machen Sie ihn sich zu Eigen für Ihr kommendes Leben.

Kapitel 3

Mut ist der Schlüssel zur Freiheit

Die Größenordnung dessen, was Mut bewirkt, ist gigantisch. Ihre Erfolgsfähigkeit und Lebensqualität stehen in direktem Verhältnis zu Ihrem Mut.

Mit Mut gewinnen Sie die Macht, Ihr Leben selbst zu gestalten und freier zu werden von Menschen und Mächten.

Es heißt: „Dem Mutigen gehört die Welt!"

In Wirklichkeit ist es weit besser:

„Der Mutige gehört sich selbst!"

Sie können das tun, was Sie für sich tun sollten. Sie können Ihre Entscheidungen selbst fällen. Mut macht Sie frei.

Wenn die Menschen die Furcht verlieren, fallen die Mauern und die Sklavenhalter verschwinden im Nichts.

Mut ist für Sie Waffe und Schutzschild zugleich.

Er macht Sie unabhängig, liefert Ihnen Lebensfreude, Fröhlichkeit und Enthusiasmus. In besonders glücklichen Momenten versorgt er Sie sogar großzügig mit Übermut.

Mut bewegt mehr als Methode.

Ideen und Methoden haben wir in Hülle und Fülle. Die Gewinnung des Zuganges zu ihnen ist ein Kinderspiel. Woran es mangelt, ist der Mut.

Mut ist nicht das Fehlen von Furcht.

Er ist vielmehr die Kraft, sich nicht von ihr ergreifen, besetzen, lähmen und versklaven zu lassen.

Furcht überfällt jeden.

Sie macht auf Gefahren und Bedrohungen aufmerksam. Wenn das jedoch geschehen ist, dann ist es an der Zeit, sich von der Furcht zu verabschieden und sich von der Besorgnis zur Tat zu begeben.

Die Furcht ist sinnvoll als Hinweisschild, jedoch nicht als Wegabschnitt oder Wegstrecke. Ein Schild reicht. Es kann nicht während des ganzen Weges jeden Meter ein Schild stehen mit der Aufschrift: „Vorsicht Gefahr!“

Furcht ...
los

**Furchtlosigkeit
ist nicht das Fehlen
von Furcht,**

**sondern
die Stabilität und Kraft,
sich nicht
von der Furcht**

**ergreifen, besetzen,
lähmen und besiegen
zu lassen.**

Mut ist Ihr Schlüssel zur Freiheit.

Mit Mut sichern Sie Ihre Gegenwart und erhalten sich die Freiheit in der Zukunft. Sie kämpfen um Ihre Unabhängigkeit. Sie befreien sich von Zwängen, schaffen Bedrohungen aus der Welt, nehmen die eigenen Interessen wahr, flüchten nicht und unterwerfen sich nicht.

Sie sind bereit zur Konfrontation, auch wenn Ihre Sicherheit und Bequemlichkeit darunter leiden könnten. Sie werden nicht zum Sklaven, nur um in einer Bequemlichkeitsnische in einem Abhängigkeitsrahmen gekrümmt weiterleben zu dürfen.

Bei der Wahl zwischen Freiheit und Unbequemlichkeit oder aber Unterwerfung und Bequemlichkeit wählen Sie die Freiheit.

Mut liefert Ihnen die Kraft, ein für Sie vertrautes und bequemes Territorium zu verlassen. Mit Mut besitzen Sie das, was den Auswanderer befähigte, sich vom Vertrauten zu trennen und Neues zu wagen.

Alles wird leichter für Sie, wenn Sie mutiger werden.

Mit Mut können Sie verändern, was Ihnen missfällt, und ablehnen, was Sie nicht wollen.

Mut lässt Sie das angehen, was Sie für richtig halten, und nicht nur das, was Sie glauben, tun zu

Furcht

schwächt, lähmt und fesselt.

Mut

kräftigt, aktiviert und befreit.

Mehr Mut,
weniger Mühe!
Mit Mut wird alles leichter.

müssen. Er lässt Sie nicht nur das nehmen, was kommt, sondern vor allem das, was zählt.

Mut lässt Sie zugreifen! Wer nicht zugreift, bekommt zwar nichts auf die Finger, aber auch nichts in die Hand.

Sie werden fähig, etwas zu unternehmen, auch wenn das angestrebte Ergebnis unsicher ist.

Sie handeln, ohne dass Sie vorher eine absolute Erfolgsgarantie erhalten müssen. Sie sind bei Nichtgelingen bereit, die Belastung einer dann entstehenden negativen Lage gelassen auf sich zu nehmen.

Mut führt Sie in die Offensive.

Furcht in die Defensive. Das Vorangehen motiviert Sie. Die Defensive oder aber Flucht würde Sie demotivieren.

Methoden haben wir genug !

Woran es mangelt, ist der Mut.

Mut bewegt mehr als Methode.

Mut befreit Sie von Aufregung, Nervosität und innerer Unruhe.

Sie haben weniger negative Gedanken, erzählen weniger Negatives und stürzen sich weniger häufig in unnötige Aktionen.

Sie klagen und jammern weniger, gewinnen dafür aber mehr Gelassenheit und Humor. Sie werden gelöst und wirken erlöst.

Mut gibt Ihnen neuen Mut und hilft Ihnen dabei, andere zu ermutigen. Mit Mut gehen Sie den Ernst des Lebens eher spielerisch an. Sie handeln ernsthaft, ohne aber dem Ernst zum Opfer zu fallen.

Angst und Furcht wirken zerstörerisch.

Sie sind im Extremfall die Hölle auf Erden. Sie nehmen den Menschen die Würde und die Freiheit. Sie stehlen die Unbefangenheit, das klare Wahrnehmungsvermögen und die Fähigkeit, rational zu denken und zu handeln.

Fachliches Können

Die Fähigkeit, in einem gegebenen Rahmen professionell zu handeln.

Mut

Die Fähigkeit, diesen Rahmen zu sprengen.

In einem Unternehmen, in dem Angst und Furcht ihr Eigenheim gefunden haben, gibt es keinen Wagemut mehr und keinen unternehmerischen Geist.

Die Angst hat die Herrschaft übernommen und lähmt alle und alles. Das Gefühl von Bedrohung ist allgegenwärtig. Es herrscht die Furcht vor dem Verlust der Sicherheit, der Freiheit, des Ansehens und der Wertschätzung. Gefürchtet werden Degradierung und Verarmung in jeglicher Erscheinungsform.

Die Schotten sind dicht. Verschwunden sind Kollegialität und Kooperation. Loyalität gibt es nur noch gegenüber sich selbst. Jeder will nur noch seine eigene Haut retten.

Alle tarnen sich und graben sich ein. Sie stellen sich tot, um am Leben zu bleiben. Durchkommen ist alles. Kreativität und Initiative fehlen völlig, denn mit ihnen würde man sich aus der Tarnung herauswagen.

Die Zukunft wird nicht mehr als Chance gesehen, sondern als Zeitraum, den man möglichst ungefährdet zu durchducken hat. Die Zukunft ist die Zeit, in der die Bedrohungen wachsen werden. Nichts Positives ist mehr zu erwarten. Die Schlussfolgerung lautet: „Wir werden uns zukünftig nur noch von Insekten und Pilzen ernähren!“

Angst und Furcht werden ausgelöst durch Unsicherheit über Personen, Ziele und Entwicklungen. Sie entstehen nicht nur deshalb, weil sich auf dem Schiff

Führen

Ermuntern

Ermutigen

Befähigen

Erfreuen

Befreien

etwas verändert, sondern weil sich das Schiff offensichtlich auf das Bermudadreieck zubewegt.

Führungsaufgabe „Ermutigung".

Eine der großen Führungsaufgaben ist es, Befürchtungen und Besorgnisse zu nehmen und die Menschen zu ermutigen.

Hierfür gibt es viele Verhaltensweisen. Es gehören dazu die Gewährung von Gedankenfreiheit, Redefreiheit und Gestaltungsfreiheit, aber auch die Forderung der Gestaltungspflicht.

Mut wird bewirkt, wenn die Führung jedermann Respekt erweist, die Würde der Menschen erhält und den Stolz auf die Partner im Unternehmen erkennen lässt.

Ein Unternehmen ist eine Realisierungsgemeinschaft. Es ist das offensive, offene Zusammenspiel von Menschen hin auf ein gemeinsames Ziel.

Liefern Sie dafür Klarheit, Mut und Kraft, Höflichkeit und Fröhlichkeit. Verlangen Sie Erfolge und machen Sie dafür Ihre Partner erfolgsfähig.

Führungsfähigkeit ist eine Gnade und Verpflichtung. Je höher die Position und damit Macht und Einfluss, umso größer ist die Verpflichtung, die Menschen zu ermutigen und die Bedingungen zu schaffen, als selbstbewusster Mensch frei bleiben zu können und in einer professionell handelnden Realisierungsgemeinschaft mitzuwirken.

Ein gut geführtes Unternehmen ist nicht nur Standort wirtschaftlicher Betätigung, sondern auch ein Lebens- und Zusammenlebensstandort. Er dient der kraftvollen, koordinierten Bewegung hin auf ein Ziel, mit einem gemeinsamen Stil und im möglichst gleichen Tempo.

Mut gibt Ihnen den Blick frei für das, was positiv ist.

Furcht hingegen verzerrt die Perspektive. Unbedeutendes erscheint riesig. Entscheidendes verschwindet völlig. Die Prioritäten spielen verrückt. Mitten in das Blickfeld drängt sich eine negative Vision.

Das Positive können Sie hingegen nur sehen, wenn Sie sich nicht vom Bedrohlichen fixieren und versklaven lassen.

Mut bringt Sie dazu, positiv zu denken. Er gibt Ihnen den Glauben an die Existenz von Lösungsmöglichkeiten und liefert Ihnen die Überzeugung, mit den negativen Elementen einer Lage fertig werden zu können.

Sie bekommen den Kopf frei von negativen und belastenden Gedanken. Sie denken positiv. Sie regen sich weniger auf.

Wenn Sie Mut haben, dann sehen Sie das viele, das positiv ist, und sind nicht mehr fixiert auf das Bedrohliche allein. Dann führt eine partielle Fesselung auch nicht mehr zu einer totalen Lähmung.

Im Übrigen ärgern Sie sich weniger. Das ist auch erklärlich, denn Ärger entsteht nicht nur dadurch, dass etwas Negatives geschieht, sondern deshalb, weil Sie sich vor den Folgen des Ereignisses fürchten.

Der Mutige hat eine andere Einstellung zu Bedrohungen und Gefährdungen.

Er weiß, dass man ihnen im Leben ständig ausgesetzt ist, aber er ist nicht bereit, sich von ihnen das Leben und die Lebensqualität zerstören zu lassen.

Jeden Tag nähern sich uns negative thematische Besatzungsmächte.

Sie kommen mit der Absicht, sich als Okkupationstruppen in unserem Gehirn niederzulassen, uns gefügig zu machen, zu unterwerfen und unsere Stimmung, Denkfähigkeit und Tatkraft zu zerstören.

Diese Okkupationsmächte haben nur wenige Gegner, die ihnen das Spiel verderben: Mut, Entschlossenheit und Gelassenheit.

Mut liefert Ihnen die Fähigkeit, der Wahrheit ins Auge zu sehen.

Mut bewahrt Sie davor, das Bedrohliche zu verdrängen. Er liefert Ihnen die Macht, die bestehenden und kommenden Bedrohungen zu erkennen, sie kalten Blutes wahrzunehmen, nüchtern ihre Größenordnung zu erfassen, sich systematisch mit ihnen zu beschäftigen, sie rational zu sehen und in Zahlen zu fassen.

Mit Mut erfassen Sie das Bedrohungs- und Gefährdungsgefüge, ohne von ihm erschüttert zu werden.

Sie werden fähig, sich auch bedrohlich erscheinende Informationen zu beschaffen, um damit das unverzerrte Bild der Wirklichkeit zu erfassen und die Gefährdungen professionell zu analysieren.

Mit Mut gehen Sie auf das Bedrohliche zu.

Sie tun das trotz der Existenz von Hindernissen und Gefährdungen und der Ungewissheit, auf was Sie stoßen könnten und was Ihnen geschehen könnte.

Mut macht Sie bereit, das Risiko von Schäden und Verletzungen auf sich zu nehmen, die ein möglicher Kampf bringen könnte, aber nicht bringen muss, weil gerade Ihr mutiges Auftreten das verhindert.

Ohne Mut sind Sie arm dran.

Von allen Armutsarten ist Mutlosigkeit eine der schlimmsten. Mut bringt Sie zum Wagen. Angst und Furcht verleiten Sie zum Klagen. Mut liefert Ihnen Kampfgeist und macht Sie fähig zum Kampf.

Mit Mut sind Sie weniger lange besetzt und gefesselt.

Mut befreit Sie vom Terror einzelner Probleme. Mit Mut haben Sie die Belastungen schneller vom Hals und schneller vom Tisch.

Mut befreit Sie von Verzögerungssucht.

Er reduziert die Distanz zwischen Reden und Handeln. Sie reden weniger, zweifeln weniger und diskutieren weniger. Ihre Geschwätzkosten sinken massiv.

Übertriebene Vorsicht verhindert das Ergreifen einzigartiger Chancen.

Wer nicht zugreift, bekommt nichts auf die Finger.

Aber

auch nichts in die Hand.

Sie werden besser in der Kommunikation.

Sie werden klarer, fassen sich kurz, verringern die Zahl Ihrer Sätze, steigern Ihre Gelassenheit beim Sprechen und das Volumen Ihrer Liebenswürdigkeit. Sie bringen kein Wort zu viel und keine Freundlichkeit zu wenig.

Sie nehmen nicht lange Anlauf.

Sie gehen schneller an die Arbeit heran. Sie lassen sich von den Hindernissen weniger einschüchtern und blockieren. Sie nehmen diese als normal hin, als Steine am Wege.

Sie zögern nicht lange und dehnen den Anlauf nicht in alle Ewigkeit aus. Sie machen es einfach. Vor Bedrohungen weichen Sie nicht zurück. Sie gehen auf sie zu, setzen sich mit ihnen auseinander und versuchen, sie zu überwinden.

Sie verfolgen angebahnte Chancen nachdrücklich und geben sich nicht ständig selbst den Befehl, stehen zu bleiben.

Mit Mut
haben Sie den Vorteil
einer besseren Lösung
früher.

Einfacher.
Leichter.
Bequemer.
Wirtschaftlicher.
Schneller.
Sicherer.
Schöner.

Bereits jetzt.
Nicht erst in Jahren !

Nichts steigert Ihr Realisierungsvermögen mehr als Mut.

Mit Mut lassen Sie eine Arbeit nicht so auf sich wirken als hätte sie die Größenordnung eines Lebenswerkes. Sie erfassen klarer, dass das, was aussieht wie ein Arbeitsberg, häufig nichts anderes ist als eine Entscheidungsschlucht.

Arbeiten können viele erledigen, mit Fleiß und Anstrengung. Bei Entscheidungen sieht es anders aus. Hier reicht der Fleiß nicht. Es muss der Mut hinzukommen und daran fehlt es den meisten.

Mut macht Sie schnell. Er senkt den zeitlichen Einkaufspreis, den Sie für Ergebnisse zu zahlen haben. Mit Mut bekommen Sie zeitlich Rabatt.

Wenn Sie furchtsam sind, verlieren Sie eine enorme Menge an Zeit. Sie fühlen sich ständig gezwungen, präventiv oder reagierend irgendetwas abzusichern.

Aus innerer Unruhe führen Sie zu wenige Arbeiten entschlossen zu Ende. Sie flüchten vielmehr von einer halbfertigen Arbeit in die andere.

Mit Mut schaffen Sie schneller günstige Verhältnisse.

Mut verkürzt die Zeitspanne der Herrschaft unzulänglicher und unerträglicher Verhältnisse. Mit Mut gewinnen Sie bereits jetzt die Bedingungen, die Sie ohne Mut, wenn überhaupt, vielleicht erst in Jahren hätten.

Es wird für Sie schneller, einfacher, bequemer, wirtschaftlicher, sicherer und motivierender bereits in der Gegenwart und nicht erst in einer fernen Zukunft.

Mit Mut verzichten Sie auf übertriebene Sicherheitsmaßnahmen.

Sie ergreifen Chancen, ohne unerträglich lange zu überlegen. Sie besteigen den Zug, machen es sich bequem und reisen ab in die Realisierung.

Sie werden disziplinierter.

Sie handeln kalten Blutes, verhalten, beherrscht und rational. Sie handeln nicht überstürzt und führen keine Scharmützelgefechte. Sie haben die Kraft zu warten, bis Sie gerüstet sind, der richtige Zeitpunkt gekommen ist und Ihr Vorgehen zum Erfolg führen muss.

Mut macht Sie fähig, die kühnste Lösung zu wählen.

Sie ist häufig die beste. Mit ihr überlegen Sie nicht lange, wie Sie das Springen über einen Graben zu planen und zu organisieren haben. Sie springen einfach.

Sie werden unabhängig vom Willen und Denken anderer.

Mit Mut nehmen Sie die anderen, wie sie sind. Sie klagen nicht ständig darüber, dass die anderen nicht so sind, wie Sie das gern hätten.

Sie gewinnen die Fähigkeit zum nichtkonformen Denken und Handeln. Sie stärken Ihr Freiheits-Immunsystem. Sie lassen sich nicht durch die Infektionskrankheiten Angst und Furcht Ihre Lebensqualität und Freiheit zerstören.

Sie lassen sich nicht einschüchtern, verteidigen Ihre Interessen und werden weniger abhängig vom Willen anderer.

Sie gewinnen Zivilcourage. Diese hilft Ihnen dabei, sich innerhalb einer Organisation das selbstständige Denken und ein freiheitliches Handeln zu ermöglichen – auf eine entschlossene, aber auch kluge Verhaltens- und Vorgehensweise.

Sie geben nicht mehr ständig Erklärungen ab, entschuldigen sich nicht bei jeder Gelegenheit und sind auch nicht laufend unterwegs mit vorauseilendem Gehorsam.

Sie verzichten auf Vorwürfe, führen keine erregten Streitgespräche, unterlassen Kommentare und ziehen stattdessen Konsequenzen.

Sie gewinnen die Kraft, Ihre eigenen Interessen durchzusetzen.

Sie lehnen das entschlossen ab, was Sie nicht wollen. Sie werden hemmungsloser und kämpferischer, artikulieren Ihre Forderungen und lassen sich Ihre Rechte nicht schmälern.

Sie werden fähig, Forderungen zu stellen, die bei anderen auf Widerstand und Ablehnung stoßen könnten. Sie schieben die Präsentation dieser Forderungen nicht unendlich lange vor sich her.

Sie werden fähig, auch dann etwas abzulehnen, wenn Sie sich damit den Unwillen anderer zuziehen. Mut befähigt Sie, Forderungen abzulehnen, die mit Macht und Nachdruck an Sie gerichtet werden, und lässt Sie standhaft bleiben, auch unter Bedrohung.

Sie können die Missbilligung anderer ertragen, denen Sie nicht das geben, was diese von Ihnen verlangen.

Sie können das Schweigen anderer hinnehmen, ohne sich gezwungen zu fühlen, mit einem eigenen

Beitrag die belastenden Pausen überbrücken zu müssen. Mit Mut können Sie enthusiastisch mitschweigen.

Sie werden fähig zum „Nein".

Ohne Mut gäbe es von Ihrer Seite immer nur „Ja" und Zustimmung. Ohne Mut würden Sie sich den Konditionen der anderen unterwerfen. Sie hätten keine Kraft zum Widerstand, zur Abwehr und zum Gegenvorschlag.

Sie wären zu lange verknüpft mit negativen Themen und belastenden Personen. Mut hingegen gibt Ihnen die Kraft, sich davon zu befreien.

Mit Mut bleiben Sie anderen verbunden, ohne mit ihnen verknüpft, vernetzt oder ihnen unterworfen zu sein.

Mut befähigt Sie, den Unwillen anderer zu ertragen.

Sie fragen sich nicht mehr ständig, was andere denken, sagen oder tun könnten.

Andere bestimmen nicht mehr über Ihre Stimmungslage. Ihnen gelingt es nicht mehr, Sie einzuschüchtern. Sie fürchten sich nicht mehr vor Kritik, sondern nutzen diese gelassen als kostenlose Beratung.

Mit Mut werden Sie stärker in Machtkämpfen. Von den Möglichkeiten Kampf oder Unterwerfung wählen Sie vorwiegend die erste.

Sie können leichter Kontakte herstellen.

Ohne Mut gibt es keinen Kontakt und kein Gespräch. Mit Mut können Sie gelassen auf jemanden zugehen. Sie können Partner gewinnen, aber sich auch von ihnen trennen.

Sie fürchten sich nicht davor, zu freundlich zu erscheinen. Sie grübeln nicht darüber nach, wie andere Ihre Freundlichkeit auffassen könnten.

Mut brauchen Sie also nicht nur für den Kampf, sondern auch für die Umarmung. Mit Mut werden Sie auf eine gelassene Weise freundlich und liebenswürdig.

Sie werden ein besserer Zuhörer.

Sie sind beim Zuhören weniger besorgt. Sie sehen den anderen an. Sie weichen seinem Blick nicht aus. Sie lassen den anderen ausreden. Keine Ängstlichkeit führt Sie dazu, mit Ihren Worten in die Sätze eines anderen einzudringen. Sie sprechen langsam, deutlich und wirken gelöst.

Sie entscheiden schneller selbst.

Es fällt Ihnen leichter, etwas zu starten oder zu beenden. Sie hören früher auf, mit anderen über eine anstehende Entscheidung zu reden und zu diskutieren. Sie beenden es, überall dabei zu sein, und leben nicht mehr unter dem Druck, es sein zu müssen.

Mit Mut verändern Sie Ihre Sprache.

Sie umschreiben die Dinge nicht mehr, sondern sprechen sie direkt an. Der Mut ist der Verbündete der Wahrheit. Wo der Mut fehlt, lebt die Lüge.

Sie werden fähig, zu delegieren.

Sie übergeben Arbeiten an andere, auch wenn diese vielleicht noch nicht so geübt und professionell sind wie Sie. Sie nehmen das Risiko auf sich, dass das Arbeitsergebnis nicht die Qualität erreicht, die Sie hätten schaffen können.

Vielleicht sind die anderen wirklich nicht so gut wie Sie. Wahrscheinlich haben sie aber mehr Zeit. Vielleicht kommen sie auch auf neue Ideen.

Unnötige Befürchtungen

Wie viele Tage Ihres Lebens haben Sie sich damit ruiniert?

**Sinnlos.
Nutzlos.
Zwecklos.**

Ihr Selbstbewusstsein und Ihre Selbstachtung steigen.

Mut macht Sie jung und lässt Sie mehr agieren als reagieren. Er führt Sie zu einem offensiven Verhalten an sich.

Mit Mut gewinnen Sie Enthusiasmus für die Gestaltung Ihrer Zukunft.

Sie freuen sich auf das, was Sie noch alles unternehmen und vor allem besser tun können als bisher. Sie haben weniger Furcht vor der Zukunft und schaffen sich deshalb auch nicht mit falschen Entscheidungen und Verhaltensweisen eine Katastrophe für Ihre Gegenwart.

Sie können sich mehr an der Gegenwart erfreuen. Sie sorgen zwar für die Zukunft vor, aber lassen nicht zu, dass bedrohliche Gedanken über die Zukunft in Ihre Gegenwart einbrechen.

Sie verwandeln eine bisher offene Zukunft nicht in eine besetzte Zukunft. Sie geben also nicht alles, was Sie an Zukunft haben, jetzt bereits an andere, nur um völlig gesichert zu sein.

Sie verhindern, dass Sie in eine besetzte Zukunft geraten, die bereits weit vor ihrem Erscheinen überfüllt ist mit Zusagen, auf sich genommenen Abhängigkeiten und Verpflichtungen. Mit Mut bleibt Ihre

Zukunft für Sie ein Territorium zeitlicher Freiheit und Gestaltungsmöglichkeit.

Kapitel 4
Mut lässt sich entwickeln

Sie haben drei Ansätze, um mutiger zu werden.
Ändern Sie Ihre Einstellung.
Ändern Sie Ihr Verhalten.
Schaffen Sie mutfördernde Bedingungen.

Jeder Tag liefert Ihnen dafür die Trainingsgelegenheit. An jedem Tag werden Sie konfrontiert mit Hindernissen, Schwierigkeiten und Problemen, mit Möglichkeiten und Chancen. Es ist ein Aufgabenkatalog, dem Sie sich mit Entscheidungen, Verhaltensweisen und Maßnahmen zu stellen haben.

Sie haben sich Fragen zu stellen, Entscheidungen zu treffen und dann auf eine bestimmte Weise zu handeln. Sie haben die Möglichkeit, etwas zu unternehmen oder etwas zu unterlassen. Sie können etwas belassen oder ändern. Sie können etwas bleiben oder werden.

Jeder Tag bietet Ihnen die Chance, Besorgnisse und Befürchtungen zu überwinden, die Verzögerungssucht einzudämmen, weniger zaghaft und langsam zu sein.

Ihr Zugewinn an Lebenserfolg wird enorm sein, wenn Sie mit Mut mehr Schnelligkeit, Gelöstheit und Erfolgsfähigkeit in Ihr Leben hineinbringen.

Täglich stehen Sie vor Fragen dieser Art:

Wie soll ich mich verhalten?
Soll ich überhaupt etwas tun?
Soll ich es jetzt sofort oder erst später tun?
Nehme ich es hin oder gehe ich dagegen vor?
Stelle ich meine berechtigten Forderungen oder verzichte ich darauf?
Stimme ich zu, lehne ich ab oder unterbreite ich einen Gegenvorschlag?
Wehre ich mich oder unterwerfe ich mich?
Verhalte ich mich besser abwartend und vorsichtig oder aber kühn und wagemutig?
Fange ich erst einmal damit an oder führe ich es sofort und komplett zu Ende?

Aus Ihren Antworten erkennen Sie, wer und wie Sie sind:

Ruhig oder besorgt, gelassen oder erregt, mutig oder zaghaft, entschlossen oder zögernd?

Messen Sie also bei allem, was der Tag von Ihnen fordert und Ihnen bietet, das Niveau Ihres Mutes, Ihrer Entschlossenheit und Ihrer Gelassenheit.

Wenn Sie das tun, kommen Sie jeden Tag auf eine höhere Stufe. Von Tag zu Tag sorgen Sie dafür, dass die Furcht bei Ihnen an Nährboden verliert und Ihr Mut kräftig wächst. Sie lassen das, was Ihnen bisher

Mut macht Mut

Sie besitzen den Mut, etwas zu tun, und gewinnen weiteren Mut, weil Sie es tun.

Mut und Entschlossenheit genommen hat, für immer hinter sich zurück.

Machen Sie sich nicht schwächer als Sie sind.

Unterschätzen Sie nicht Ihre Kraft, Ihre Reserven und Ihr Potenzial. Sie verfügen über mehr Macht und Realisierungsvermögen, als Sie sich einreden.

Beenden Sie die negative Autosuggestion. Unterminieren Sie sich nicht selbst. Es existiert genügend, was Ihnen einen Teil Ihrer Kraft abfordert. Sie müssen sich nicht unbedingt Ihre Kraft selbst nehmen.

Bringen Sie mehr Übermut in Ihr Leben.

Machen Sie einen Zeitsprung in Ihre Kindheit und holen Sie dort den Übermut ab, der Ihnen einmal zu Eigen war. Mit jeder übermütigen Bemerkung oder Aktion verlassen Sie das Territorium der Bedrohung.

In der Zeit des Übermutes sind Sie immun gegenüber jedem Bedrohungsgefühl. Die Insel des Übermutes ist weit entfernt vom Festland der Besorgtheit und Gefährdung.

Wir hätten ...

Sie starren mit gesenktem Blick in die Vergangenheit zurück und können doch nichts ändern.

Die Zukunft heißt:

Wir werden ...

Treten Sie mutig auf.

Wenn Sie sich mutig verhalten, werden Sie mutiger und fühlen sich mutiger. Hören Sie auf, zaghaft und zögerlich zu agieren. Sprechen Sie zuversichtlich und optimistisch, deutlich und laut genug, klar und präzise. Verhalten Sie sich unaufgeregt.

Verhalten Sie sich auf eine ruhige Weise freundlich und liebenswürdig. Lächeln Sie mehr. Solange Sie freundlich sind, bleiben Sie unaufgeregt. Es gibt keine erregte Freundlichkeit, nur eine gelassene.

Gehen Sie dem Bedrohlichen entgegen.

Halten Sie sich nicht die Augen zu. Flüchten Sie nicht. Verstecken Sie sich nicht. Erfassen Sie die Lage. Beschaffen Sie sich Zahlen. Stellen Sie die Größenordnung der Bedrohung realistisch fest.

Gehen Sie den Weg vom Befürchten zum Wissen. Befreien Sie sich mit einer besseren Informiertheit von der Gefahr, eine Bedrohung zu übertreiben oder zu unterschätzen.

Lassen Sie sich
von der Alltäglichkeit
nicht alltäglich machen !

Werden Sie
nicht zum Opfer
der Routine.

Erhalten Sie sich
Ihre Besonderheit,
Ihren Enthusiasmus
und Ihren Elan.

Die mutige Tat des Tages.

An jedem Tag wartet etwas auf Sie, was Ihnen unangenehm ist. Da sitzt es nun und starrt Sie feindselig an, ein Kampfhund in Lauerlage mit Zuschnappmechanismus.

Sollten Sie sich ihm nähern, dann könnte das unangenehme Folgen haben. Gehen Sie trotzdem auf die Bedrohung zu. Wenn Sie sich dem Pitbull nähern, verwandelt er sich in einen Pudel.

Widmen Sie sich jeden Tag mindestens einer dieser bedrohlichen, unangenehmen und unerfreulichen Aufgaben. 365-mal im Jahr eine mutige Tat! Was für ein Volumen.

Sprengen Sie täglich Teile Ihrer Routine.

Gehen Sie an neue Vorgehensweisen heran. Probieren Sie Neues aus. Sie werden umso mutiger, je mehr Sie dazu übergehen, unüblich zu handeln. Machen Sie also jeden Tag etwas anders, als Sie es bisher getan haben.

Sie brauchen nicht nur das Tagesprogramm an sich, sondern auch ein TAGESPROGRAMM DER UNÜBLICHKEIT. Was für eine Ermutigung, wenn Sie nach Jahren der Routine etwas auf eine neue Weise tun. Frisch und jugendlich!

Einstellung zu Belastungen

Gewinnen Sie eine endgültige Einstellung Ihren Hauptbelastungen gegenüber.

Schwanken Sie in ihrer Beurteilung nicht von Tag zu Tag und nicht von Stimmung zu Stimmung.

Ermutigen Sie andere.

Gehen Sie auf diese Weise indirekt vor, um selbst zu gewinnen. Die Fähigkeit, Menschen zu ermutigen, ist eine der Kernfähigkeiten der Führungskunst.

Weisen Sie auf Stärken und Chancen hin. Verstärken Sie das Positive. Werden Sie zu einem Meister der Überzeugungskunst im Bereich der Ermutigung.

Gehen Sie schneller an Probleme heran.

Probleme wirken umso bedrohlicher, je mehr Sie die Beschäftigung mit ihnen aufschieben. Das Gewicht von Problemen und damit ihre belastende Wirkung auf Sie nimmt mit jedem Tag der Nichtbeschäftigung überproportional zu.

Je mehr Sie es hinausschieben, sich einem Problem zuzuwenden, umso mehr sinkt auch Ihre Fähigkeit, mit diesem Problem fertig zu werden.

Kommen Sie schneller zur Tat.

Gewöhnen Sie sich daran, ohne unendliche Vorbereitung und langatmige Erwägung aus dem Stand heraus zu handeln. Hören Sie auf, sich zu einem Thema

Schluss mit muss

Ich muss

heißt ab heute

Ich werde

endlos Rat einzuholen. Fragen Sie andere weniger um Rat. Hören Sie auf, über das Thema mit anderen zu reden.

Reden Sie sich nicht ein, Sie brauchten noch weit mehr Informationen. Die Informationen, die Sie bekommen können, haben Sie inzwischen. Jetzt brauchen Sie den Mut zur Tat. Irgendwann hat Schluss zu sein mit dem Anlauf.

Hören Sie auf zu reden, fangen Sie an zu handeln.

Je mehr Sie Ihr Redevolumen zusammenstreichen und sich der Knappheit und Relevanz nähern, umso mutiger werden Sie. Jedes Wort zu viel nimmt Ihnen gedankliche Klarheit, Ruhe und Gelassenheit.

Manche reden sich ein, ein geführtes Gespräch wäre bereits eine vollbrachte Tat. Das Gespräch mag Sie der Tat näher gebracht haben, trotzdem gilt: GEREDET IST NOCH NICHT GEHANDELT.

Jede Minute, die Sie darüber sprechen, was Sie zu tun haben, nimmt Ihnen eine Minute für die Tat selbst. Verschwenden Sie also nicht die Zeit, die Sie für die Tat brauchen, mit Gerede darüber, dass Sie etwas zu tun hätten.

Die Dimensionen der Kommunikation

Ermutigen.
Begeistern.

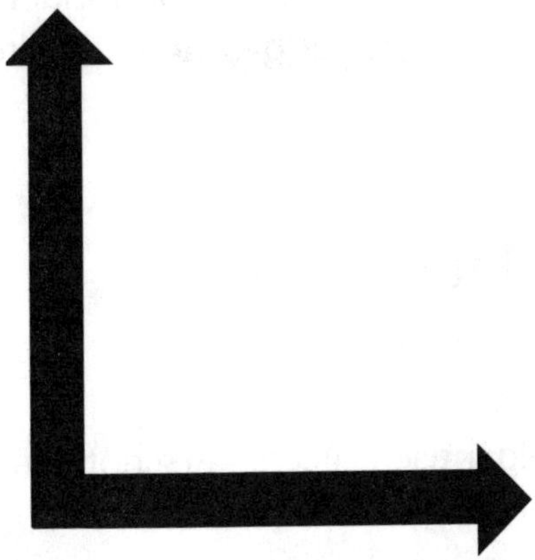

Vorankommen.
Voranbringen.

Ermitteln Sie die Geschwätzkosten.

In manchen Unternehmen sind sie höher als die Produktionskosten. Rechnen Sie die Geschwätzkosten hoch auf fünf oder zehn Jahre. Was für ein verlorenes Realisierungsvermögen!

Zu den Geschwätzkosten gehören substanzloses Gerede, unnötige Mitteilungen, unnötige Fragen, die ständige Wiederholung der gleichen Geschichten. Es ist das Gerede über Abwesende, in dem Fall also etwas, was sich weder gehört noch etwas bringt.

Je mehr Gerede, umso größer wird die Verwirrung. Das Gerede stiehlt also nicht nur Zeit und Kraft, die dann für die Tat selbst fehlen, sondern verhindert es auch herauszufinden, was konkret geschehen sollte.

Die Heimat der Tatenlosigkeit ist die Konferenz.

Der Kraftverzehr ist gigantisch: Nichts erschöpft mehr als konzentrierte Tatenlosigkeit.

Ich kann
erst wieder lachen,
wenn ich
dieses Problem
gelöst habe !

Umgekehrt ...

Ich muss sofort
wieder anfangen
zu lachen,
sonst werde ich
dieses Problem
nie lösen !

Beenden Sie das Jammern und Wehklagen.

Hören Sie auf, anderen mitzuteilen, unter welchen Belastungen Sie zu leiden haben und was andere mit Ihnen anstellen.

Worüber reden Sie seit Jahren, ohne die nötigen Schritte zu unternehmen?

Über welche Personen in Ihrem beruflichen und privaten Umfeld reden Sie immer wieder, ohne endlich Konsequenzen zu ziehen und das Angemessene zu tun?

Bringen Sie mehr Disziplin in Ihre Gespräche.

Reden Sie weniger selbst und weniger von sich selbst. Holen Sie nicht lange aus. Kommen Sie zum Punkt. Verzichten Sie darauf, das zu behandeln, was irrelevant ist. Geben Sie knappe, sofort verständliche, klare und eindeutige Antworten. Sagen Sie einfach: „Ja, gern" oder „Nein, leider!"

Sprechen Sie klar, deutlich und besonnen. Reden Sie nicht ohne Punkt und Komma. Bringen Sie einen

Einmal im Leben war ich wirklich mutig.

Jetzt bin ich in einer anderen Firma!

Und wie fühlen Sie sich dort?

Hervorragend!

Also hat sich Ihr Mut gelohnt?

Ja, wenn Sie es so sehen!

Nur so!

Rhythmus in Ihr Sprechen hinein. Halten Sie inne und setzen Sie dann gelassen fort. Konditionieren Sie sich mit Pausen beim Sprechen. Sprechen Sie mit erkennbarem Enthusiasmus und begeisternder Vitalität.

Wenn Sie kurz und knapp sprechen, dann muss das in keiner Weise brüsk sein. Um Freundlichkeit zu bringen, brauchen Sie nicht mit Worten zu arbeiten. Freundlichkeit liefern Sie schneller, wirkungsvoller und zeitsparender mit einem Lächeln, einem Blick und einer liebenswürdigen Geste.

Ein freundliches Verhalten ermutigt Sie und andere. Eine liebenswürdige, fröhliche und übermütige Bemerkung bringt den Menschen mehr Freude als ein Geschwätz von 30 Minuten.

Bringen Sie positive Beiträge.

Diese stimmen auch Sie positiv. Jede negative Mitteilung, jedes negative Beispiel und jeder negative Kommentar bringt Sie sonst nur voran bei der Fertigstellung eines neuen Bauabschnittes der Straße zum Misserfolg.

Mutig antworten ...

kurz,
knapp,
klar,
deutlich,
freundlich,
fröhlich,
kraftvoll,
höflich.

Verzichten Sie konsequent auf Kommentare.

Liefern Sie nicht zu jedem Ereignis Ihren Beitrag. Mischen Sie sich weniger ein. Dosieren Sie Ihre Weisheitslieferungen. Widmen Sie sich konzentrierter der Erfassung der Lage, statt sofort mit Kommentaren über eine Lage herzufallen, die Sie noch gar nicht richtig wahrgenommen haben.

Grundsätzlich gilt, zählen tut nicht der Kommentar, sondern nur die richtige Konsequenz. Auch zum Unterlassen eines Kommentars oder einer Bemerkung gehört Mut. Was für eine Möglichkeit, sich täglich, bei dem, was passiert, zu trainieren!

Die überstürzte Lieferung von Kommentaren erfolgt immer nach dem gleichen Muster. Die Emotionalität legt einen Schalter um. Die Sprechwerkzeuge befreien sich vom Gehirn und werden enthusiastisch autonom tätig.

Wenn Sie aufhören, geradezu zwanghaft und von anderen ständig erwartet zu allem, was geschieht und gesagt wird, Ihren Kommentar zu liefern, dann werden Sie für Ihre Partner zu einem Wesen völlig anderer neuer Art. Man vermag Sie nicht mehr zu erfassen. Keiner begreift, was passiert ist. Sie werden undurchschaubar, ein Enigma, und Sie gewinnen Charisma.

Verlassen Sie das Jammertal

Benutzen Sie zukünftig die Zeit, in der Sie anderen bisher erklärten, warum etwas nicht geht,

um es zu tun.

Was verkünden Sie anderen gegenüber ständig?

Hören Sie sich häufiger zu, um es kennen zu lernen. Erfassen Sie die Erkenntnisse, die Sie anderen schenken. Analysieren Sie Bedeutung und Größenordnung Ihrer Erkenntnisse und wenden Sie das, was Sie anderen zu tun nahe legen, endlich selbst an.

Wenn es wirklich so wertvoll ist, wie Sie es anderen gegenüber immer wieder darstellen, dann sichern Sie sich dieses Erfolgspotenzial selbst. Hören Sie auf, Wegweiser zu sein, und werden Sie Wanderer auf dem Weg, der Sie in ein so Gewinn bringendes Territorium führen kann.

Werden Sie ein anderer Zuhörer.

Auf dem Weg zu einem besseren Zuhörverhalten kommen Sie zu einer anderen Gemütslage, ganz zu schweigen von der Wirkung, die Sie auf andere ausüben. Hören Sie gelassen zu, aufmerksam und konzentriert. Geben Sie nicht dem Zwang nach, ständig wieder selbst das Wort ergreifen zu müssen.

Denken Sie nicht, wenn ein anderer eine Pause macht, dann müssten Sie diese Pause sofort mit Wörtern füllen. Der andere sammelt nur gerade seine Gedanken, um dann fortzufahren.

Lassen Sie es sein !

Verzichten Sie auf alle unnötigen Kommentare.

Sparen Sie sich zwecklose Belehrungen.

Je mehr Sie reden, umso weniger Zeit haben Sie zuzuhören. Sie erfahren zu wenig und lernen zu wenig. Sie verzichten darauf, einem anderen Wertschätzung zu liefern. Sie sprechen immer nur von und über sich. Im Mittelpunkt des Interesses des anderen steht aber dieser selbst.

Werden Sie verschwiegener.

Ohne Verschwiegenheit und Diskretion gibt es keine Freiheit. Verschwiegenheit reduziert das Volumen der möglichen Befürchtungen. Viele wissen, welche Risiken und Befürchtungen erst dadurch entstanden sind, dass Sie jemandem fahrlässig etwas mitgeteilt haben.

Es heißt, wir leben im Informationszeitalter. Tatsächlich ist es ein Zeitalter der Verkündigungs-, Offenbarungs- und Mitteilungsmanie.

Nicht alle lassen sich davon anstecken. Statt alles preiszugeben, erzielen Sie Erfolge auch im Verborgenen. Sie sind keinem Offenbarungszwang unterworfen. Sie geben nur das preis, was nötig ist, weil es Ihnen hilft.

Sie lenken die Scheinwerfer der anderen nur auf Teile Ihres Seins und Ihrer Tätigkeit und lassen andere Teile entschlossen geschützt.

Der Bau der Straße zum Misserfolg

Jede negative Mitteilung, die Sie von sich geben, hilft Ihnen bei der Fertigstellung eines neuen Bauabschnittes.

Mitteilungssucht ist eine Krankheit, die durch Geltungssucht entsteht.

Das Immunsystem zur Erhaltung der Freiheit wird durch sie ruiniert. Mitteilungssucht ist der Ersatz des Handelns durch das Gerede. Tun Sie das, was Sie vorhaben. Verkünden Sie es nicht.

Es gibt kein Charisma ohne Verschwiegenheit. Wer in allem ständig sichtbar und völlig interpretierbar ist, dem fehlt jedes Element des Außergewöhnlichen.

Mit jeder Mitteilung, die Sie liefern, geht Ihnen ein Teil Ihres Elans und Ihres Realisierungsvermögens verloren. Sie verteilen die Substanz, die Sie für Erfolge brauchen, und außerdem die Kraft, den Antrieb und die Zeit, die Sie brauchen, um handeln zu können.

Hören Sie auf, über das zu sprechen, was Sie beabsichtigen, was Sie tun und was Sie getan haben, über Ihre Ziele, Ihre Absichten und die Territorien, die Sie für sich erschließen wollen.

Behalten Sie Ihre Ideen für sich und gehen Sie über zur Tat.

Besuchen Sie nicht andere, nur um ihnen mitzuteilen, wie ideenreich Sie sind. Eine Idee ist ein potenziell hilfreicher Geist in einer Flasche. Dieser Geist will die Flasche verlassen. Wenn Sie über die Idee reden, dann öffnen Sie damit die Flasche.

Fassen Sie sich kurz

Holen Sie weniger lange aus.

Werden Sie konkret und speziell.

Halbieren Sie Ihr Redevolumen. Verdoppeln Sie Ihre Verständlichkeit.

Der Geist ist befreit und verschwindet. Er ist Ihnen nicht mehr untertan. Der Druck der Idee auf Sie ist weg. Die Idee will nichts mehr von Ihnen. Sie haben die Idee befreit. Ihr reicht es.

Ganz anders sieht es aus, wenn Sie diese Idee nicht erwähnen. Dann ist sie auch nicht in die Freiheit entlassen. Keinem anderen ist Verfügungsgewalt über sie gegeben. Der Idee bleibt nur noch eine Chance, sich auf Ihre Einbahnstraße der Realisierung zu begeben. Sie haben sich die Idee untertan gemacht.

Auch bei Ideen zählt nur die Realisierung. Lassen Sie also Ihre Ideen geschützt im Verborgenen wachsen, damit wächst dann auch die Antriebskraft, sie in Ergebnisse zu verwandeln.

Fragen Sie sich nicht ständig, wie Sie auf andere wirken.

Ziehen Sie sich auf sich selbst zurück. Fühlen Sie sich nicht ständig von anderen beobachtet und veranlasst, darauf mit einem bestimmten Verhalten zu reagieren. Hören Sie auf, sich als Objekt zu fühlen und zu benehmen.

Was andere von Ihnen denken oder denken könnten, was andere daraufhin tun oder tun könnten, sollten Sie weniger wichtig nehmen als bisher. Tun Sie das, was sich gehört und angemessen ist. Das reicht!

Nennen Sie Ihre Forderungen frühzeitig !

Bringen Sie das, was für Sie eine Voraussetzung von entscheidender Bedeutung ist, nicht erst am Schluss !

Lassen Sie weniger Fremdbestimmung über sich zu.

Bieten Sie sich nicht als Spielball an. Stoppen Sie alle Anzeichen von Beflissenheit und Willfährigkeit. Lassen Sie sich nicht zum Befehlsempfänger machen und trennen Sie sich einmal für immer von einem vorauseilenden Gehorsam.

Lassen Sie sich weniger unter Druck setzen.

Lassen Sie sich nicht die Regeln diktieren. Sagen Sie nicht zu allem Ja und Amen, sondern kämpfen Sie um die Anwendung Ihrer eigenen Regeln.

Lernen Sie es, „NEIN" zu sagen. Lehnen Sie das, was Sie nicht wollen, ab. Tun Sie das so entschlossen, dass der andere sicher wird, es nicht weiter versuchen zu sollen. Sie können das sehr freundlich tun und es fällt Ihnen leichter, wenn Sie über überzeugende Ablehnungsargumente und Gegenvorschläge verfügen.

Wie konnte ich mich darauf einlassen?

Ja, wie konnten Sie?
Aber Sie haben es getan.
Stehen Sie es durch!

Klaglos.
Gelassen.
Professionell.

Scheuen Sie sich nicht vor einer Konfrontation.

Nennen Sie Ihre Forderungen deutlich. Verzichten Sie nicht nur deshalb auf Ihre Forderungen, weil Sie das Klima nicht beschädigen wollen. Fragen Sie sich nicht ständig, wie andere auf Ihre Forderungen reagieren könnten.

Zögern Sie nicht zu lange, bis Sie es wagen, Ihre Forderungen deutlich auf eine gelassene Weise zu nennen. Tun Sie das frühzeitig. Je mehr Sie es aufschieben, umso schwächer fühlen Sie sich.

Lernen Sie es, mit dem Unmut anderer zu leben.

Der entsteht bei den anderen immer dann, wenn diese von Ihnen nicht das bekommen, was sie gern hätten. Solange sie darum bitten, sind sie die nettesten, umgänglichsten Menschen.

Wenn ihre Forderungen und Wünsche dann abgelehnt werden, verwandeln sie sich völlig. Das ist so! Nehmen Sie es hin!

Ihre Hauptbelaster ?

Wer?

Wann?

Wie?

Womit?

Warum?

Werden Sie immun gegen Kritik.

Lassen Sie sich durch die Kritik nicht Ihre Stimmung und Ihr Realisierungsvermögen reduzieren. Nehmen Sie die Kritik vielmehr als kostenlose Beratung. Sie bringt Ihnen stimmungsmäßig nicht so viel wie eine Anerkennung, inhaltlich aber weit mehr.

Lassen Sie sich nicht einschüchtern von Persönlichkeiten von großer Bedeutung und hohem Einfluss.

Gehen Sie gelassen an diese Persönlichkeiten heran. Tun Sie es höflich, hervorragend vorbereitet. Starten Sie bei einer Kontaktaufnahme überhaupt auf einer möglichst hohen Ebene.

Gewinnen Sie bessere Verbündete.

Pflegen Sie den Kontakt zu ihnen. Aber suchen Sie nicht ständig nach Verbündeten, weil Sie sich nicht trauen, etwas allein und selbstständig zu unternehmen.

Darunter leiden zu viele. Sie sind ständig auf der Suche nach jemandem, auf den sie sich stützen können. Sie suchen nach dem zweiten Bein.

Dem Mutigen gehört die Welt

Besser:

Der Mutige gehört sich selbst

Wenn sie es dann gefunden haben, stellt sich häufig heraus, dass es ein Holzbein ist. Sie wollten etwas, auf das sie sich stützen können, und bekamen etwas, das sie schleppen müssen.

Trauen Sie sich selbst mehr im Alleingang zu. Machen Sie mehr im Alleingang. Gewinnen Sie Erfolg aus eigener Kraft. Schaffen Sie sich die für Sie günstigen Bedingungen selbst. Warten Sie nicht darauf, dass andere es für Sie tun.

Verhalten Sie sich ruhig und besonnen.

Geraten Sie nicht außer sich. Treten Sie bedachtsam auf. Reagieren Sie nicht auf jeden Reiz und geraten Sie nicht immer wieder in Aufregung.

Werden Sie disziplinierter in Ihrem Auftreten und Ihren Bewegungen.

Bekämpfen Sie das überstürzte Handeln.

Springen Sie nicht sofort los, wenn irgendwo ein Signal ertönt. Führen Sie keine Scharmützelgefechte. Unternehmen Sie in einer Schockphase nicht zwanghaft sofort etwas, anstatt erst einmal die Lage zu erfassen.

Machen Sie sich nicht mutwillig Feinde.

Auch wenn Sie glauben, Ihre Machtposition ließe das zu. Halten Sie sich an die Disziplin der Macht. Seien Sie gegenüber jedermann liebenswürdig in der Form. Das nimmt Ihnen nicht die Möglichkeit, entschlossen in der Sache handeln zu können.

Entwickeln Sie die Kunst des Friedensschlusses.

Je weniger Fronten Sie aufbauen und belassen, umso mehr Kraft haben Sie für die Front, die von größter Bedeutung ist. Gehen Sie nicht geradezu enthusiastisch in einen Mehrfrontenkrieg hinein, der Ihre verfügbaren Kräfte weit überfordert.

Sichern Sie sich Reserven.

Das gilt für alle Ressourcenarten: Zeit, Kraft, finanzielle Mittel. Verschwenden Sie keine Zeit. Nur wenn Sie zeitliche Reserven haben, haben Sie die Voraussetzung, überhaupt kämpfen zu können und sich mutig und kraftvoll verhalten zu können. Ohne Zeit können Sie noch nicht einmal am Ort des Geschehens auftreten.

Befreien Sie sich von Marschgepäck.

Je leichtfüßiger Sie sind, umso beweglicher werden Sie und umso besser können Sie sich in einem Kampfgebiet bewegen.

Sorgen Sie für Ihre körperliche Fitness.

Achten Sie auf guten Schlaf, Ernährung und Körperpflege. Je gepflegter Sie auftreten, umso mutiger und gelassener fühlen Sie sich.

Bringen Sie also ein Höchstmaß von Gepflegtheit in Ihr Leben hinein. Die Elite achtet auf ihr Auftreten. Bei der Armee auf dem Rückzug sieht es anders aus.

Lassen Sie Ihr Umfeld ermutigend auf sich wirken.

Bringen Sie die Unordnung und Unruhe aus Ihrem Umfeld heraus. Schaffen Sie Helligkeit, Sauberkeit, Ordnung, Übersicht, freie Flächen und Schönheit.

Leiter der Befürchtungs-Abteilung

Ich fürchte jedoch …

Ich fürchte aber …

Ich fürchte, dass …

Fürchten Sie nicht auch …

Chef:

Fürchten Sie nicht, dass wir befürchten, dass Sie sich zu sehr fürchten?

Mindern Sie die Komplexität.

Bekämpfen Sie die Verwirrung und das Chaos. Schaffen Sie Ordnung, Struktur und Klarheit. Vereinfachen Sie alles. Kennzeichnen Sie alles besser. Sorgen Sie dafür, dass Sie alles, was Sie brauchen, auf Anhieb finden können.

Bewaffnen Sie sich.

Rüsten Sie sich aus für mögliche Machtkämpfe. Sie brauchen Waffen und Munition. Die Herstellung dieser besteht in der Sammlung von Beweismitteln. Das ist eine ständige Aufgabe, die Sie trotz der täglichen Belastung nicht unterlassen dürfen.

Arbeiten Sie nach dem Prinzip der vorgeleisteten Arbeit.

Furcht entsteht immer dann, wenn die Zeitschulden zunehmen und die negativen Reaktionen der Gläubiger auf einen wirken. Vermeiden Sie es also, ständig Zeitschulden entstehen zu lassen. Die beste Methode ist es, mit einer Arbeit früher anzufangen als es nötig erscheint.

Geraten Sie nicht unter Druck durch die Unzuverlässigkeit anderer.

Warten Sie nicht, bis der, der versprochen hat, sich bei Ihnen zu melden, das auch wirklich tut. Machen Sie von vornherein aus, dass Sie sich von sich aus bei ihm oder ihr melden werden. Bleiben Sie dran. Fürchten Sie nicht, dass jemand unwillig reagiert, wenn Sie beharrlich eine zugesagte Leistung anfordern.

Lernen Sie mehr aus vergangenen Befürchtungen.

Vergessen Sie diese nicht einfach, sondern nutzen Sie sie, um Einsichten zu gewinnen, die Sie stabiler machen. Studieren Sie Ihre Historie. Lesen Sie Ihre Aufzeichnungen.

Stellen Sie fest, was aus bestimmten Befürchtungen geworden ist, ob sie sich verwirklicht haben und in welcher Größenordnung.

Erinnern Sie sich daran, wie viele Stunden und Tage Ihres Lebens Ihnen von bestimmten Befürchtungen gestohlen wurden, wie sehr Ihre Stimmung zerstört wurde und in welcher Unruhe Sie sich nutzlos befanden.

Kapitel 5
Der Umgang mit sich selbst

Mut gedeiht bei guter Stimmung.
Also brauchen Sie Verhaltensweisen und Methoden, um sich überlegt, organisiert und kreativ Ihre Energie und Stimmung zu erhalten.

Sie können nicht zulassen, dass Ihr Gehirn mit Ihrem Ich so umgeht, wie es das aufgrund der empfangenen Reize für selbstverständlich und gerechtfertigt hält.

Das Gehirn ist der am wenigsten geschützte und am meisten degradierte Körperteil des Menschen. Jeder kann in Ihrem Gehirn seinen Unrat und Müll abladen. Es gibt keine Umweltgesetze zum Schutz des menschlichen Gehirns. Jeder Parkplatz wird besser bewacht und geschützt.

Schützen Sie Ihr Gehirn.

Verhindern Sie, dass jeder negative Reiz auf Ihr Gehirn und anschließend auf Ihre Stimmung wirkt. Schützen Sie sich vor der Wirkung negativer Reize aller Art, vor Impertinenz, Brutalität, aber auch der negativen Wirkung des Vulgären.

Würde das gleiche Negative, das täglich in das eigene Gehirn eindringt, auf Anzug oder Kleid geraten, dann wäre man ständig auf dem Weg zur Reinigung oder Dusche.

Lassen Sie das Negative nicht bei sich eindringen. Verhindern Sie die Erkrankung Ihrer Stimmung. Entwickeln Sie ein Immunsystem und eine positive Reaktionsautomatik gegenüber negativen Reizen. Betreiben Sie mehr Prävention.

Steigern Sie Ihre Wahrnehmungsfähigkeit für das Positive.

Nur wenige sind fähig, das wahrzunehmen, was positiv ist. Sie konzentrieren sich völlig darauf, das Negative zu erfassen, denn das ist es, was sie gefährdet.

Das Positive bedroht sie nicht, also nehmen sie es nicht zur Kenntnis, begrüßen es nicht, schätzen, pflegen und verstärken es nicht.

Das Positive lässt sie gleichgültig. Statt es zu sehen, sich daran zu erfreuen, es zu verstärken und zu mehren, führen sie ein Leben fixiert auf das Negative.

Der Mutige hingegen bezieht einen Teil seiner Stärke daraus, dass er fähig ist, positiv zu sehen, zu denken und zu handeln.

Bei Konzentration auf das Positive nimmt die Wahrnehmungsfähigkeit für Positives zu. Bei ständiger Konzentration auf das Negative können Sie irgendwann einmal das Positive überhaupt nicht mehr erkennen.

Was läuft bei uns besonders gut? Warum eigentlich? Wie kann ich es sichern und verstärken? Entwickeln Sie Ihre Sehfähigkeit für das, was positiv ist. Erfassen Sie es, durchdenken Sie es, erhalten Sie und fördern Sie es.

Stimmungsdiebstahl ist Schwerkriminalität

Identifizieren Sie die Stimmungsdiebe.

Welche Personen heben ständig von Ihrem Stimmungskonto ab?

Entziehen Sie ihnen den Zugriff.

Laden Sie das Positive ein, bei Ihnen eine Heimat zu finden. Stellen Sie eine Liste dessen auf, was bei Ihnen und um Sie herum positiv ist. Leiten Sie daraus ab, was Sie schätzen und worüber Sie glücklich sein sollten.

Formulieren Sie positiv.

„Was für ein schöner sonniger Tag!“ „Ja, aber morgen soll es wieder schlechter werden!“

An kaum einer Formulierung lässt sich besser zeigen, wie wenig die meisten Menschen in der Lage sind, sich am gegenwärtigen Positiven zu erfreuen und es zu genießen, und wie stark sie gedanklich bereits verknüpft sind mit dem Negativen, das vielleicht kommen könnte.

Sie sind unfähig, gelassen und erfreut in der Gegenwart zu leben, und damit unfähig, überhaupt zu leben. Sie befinden sich im Wartestand. Sie warten ständig auf die kommende Verschlechterung und kündigen diese während der Wartezeit auch noch an. Absurd!

Formulieren Sie es

positiv

Die Form ist der Inhalt.

Die Form formt den Inhalt.

Was Sie positiv benennen, wird sich auch positiv benehmen.

Viele haben den Begriff des Positiven pervertiert.

Da sie an nichts Positives mehr glauben, ist für sie etwas nur in dem Sinne positiv, dass nichts Negatives aufgetreten ist.

Gast zum Kellner: „Ich würde gern einmal Ihren Oberkellner sprechen.“ Antwort des Kellners: „Ich bitte Sie um Entschuldigung, es tut mir wirklich Leid, aber Sie sehen, was hier heute alles los ist. Da kann schon einmal etwas nicht so sein, wie es sein sollte!“

Gast zum Kellner: „Ich wollte mich eigentlich nur für die liebenswürdige Bedienung und das hervorragende Essen bedanken!“ Kellner: „Was, hier bei uns?“

Unterlassen Sie zwecklose, negative Bemerkungen.

Entfernen Sie negative Begriffe und Formulierungen aus Ihrem Sprachschatz. Achten Sie auf das, was Sie reden. Es kommt, was Sie sagen. Sie werden, was Sie reden. Sie reden es herbei.

Was für ein schöner sonniger Tag !

Ja, aber morgen soll es wieder schlechter werden!

Glauben Sie stärker an Ihre Kraft und Ihr Können.

Klagen Sie nicht über die fehlende Gerechtigkeit. Das Leben ist nicht angetreten, Sie oder andere mit Gerechtigkeit zu versorgen. Gerechtigkeit kann Ihnen nur eine einzige Person geben, und diese Person sind Sie.

Fragen Sie sich weniger, was Ihnen passieren könnte. Fragen Sie sich mehr, was Sie in einem solchen Fall tun werden und was Sie bereits jetzt unternehmen können, damit dieser Fall nicht eintritt.

Sie haben zwei Möglichkeiten: Sie können in geduckter Haltung auf das Negative warten oder in aufrechter Haltung das Positive bewirken.

Glauben Sie stärker an die Existenz von Lösungsmöglichkeiten. Teilen Sie anderen nicht ständig mit, dass ein Problem auf gar keinen Fall zu lösen ist. Sonst kommen Sie vielleicht zu spät zu der Erkenntnis: „Ja, so ginge es!“

Schlechte Lage, schlechte Laune?

Durchbrechen Sie das Gesetz von Ursache und Wirkung, machen Sie Ihre Stimmung unabhängig von der Lage. Beschließen Sie auch in einer unbefriedigenden Lage, Ihre Stimmung nicht zu verlieren. Gerade dann brauchen Sie eine gute Stimmung am meisten.

Wir haben bisher nichts Negatives gehört !

Und Positives?

Nur Positives!

Warum sagen Sie das nicht gleich?

Aus Vorsicht! Wer weiß, was noch kommt.

Suggerieren Sie sich nicht, dass eine gute Stimmung logischerweise nur in einer guten Lage möglich ist und dass Sie ein Recht darauf haben, in einer schlechten Lage auch schlechter Stimmung zu sein.

Es gibt Menschen, die diese Überzeugung auch noch lauthals vertreten, meist verbunden mit einem Hinweis auf ihre Ehrlichkeit und Ehrenhaftigkeit: „Wie kann ich mich gegenüber Kunden freundlich und fröhlich verhalten, wenn mir gar nicht danach ist? Das wäre doch völlig unehrlich!“

Bei dieser Einstellung ist vielleicht der Wechsel aus dem Verkauf in den Strafvollzug zu empfehlen.

Mit der Einstellung „Schlechte Lage, schlechte Laune!“ hätten Sie übrigens ein grundsätzliches Problem. Der Anteil der guten Lagen im Leben überwiegt bei den meisten keineswegs. Das würde bedeuten, Sie müssten sich damit abfinden, zu häufig in einer schlechten Stimmung zu sein. Das erscheint weder ratsam noch klug.

In einiger Zeit werden Sie in einer besseren Lage sein.

Sie werden das überwunden haben, was jetzt noch wie eine Wand vor Ihnen steht. Erlauben Sie sich im Hinblick darauf einen Kunstgriff des positiven Denkens. Holen Sie sich die Stimmungsqualität einer helleren Zukunft in die trübere Gegenwart. Warum

Können Sie es ändern?

Wenn nicht,

dann fügen Sie dem entstandenen Schaden nicht noch einen weiteren hinzu:

Die Zerstörung Ihrer Stimmung für Stunden

wollen Sie die Stimmung eines halben Jahres verschenken?

Verzichten Sie ab sofort auf Sprüche dieses Kalibers: „Mir wird es erst wieder gut gehen, wenn ich Folgendes geschafft habe – solange ich an diesem Projekt sitze, kann ich nichts anderes sehen, hören und fühlen. Erst wenn ich damit fertig bin, fange ich an, wieder zu leben.

Mit dieser Einstellung wird es Ihnen schwer fallen, das, was Sie zu bewältigen haben, überhaupt zu schaffen.

Klagen Sie nicht über die Zustände.

Reduzieren Sie sich nicht mit negativer Autosuggestion. Erzählen Sie nicht ständig, was Ihnen widerfahren ist. Berichten Sie nicht jedem, der das Unglück hat, in Ihre Nähe zu geraten, über Ihre negativen Erlebnisse, die existierenden Bedrohungen und das, was man alles mit Ihnen anstellt.

Trennen Sie sich von Ressentiments.

Es sind Taue, die Sie an andere und an das Negative fesseln. Kappen Sie die Taue. Was Sie zu sehr festhalten, hat Sie selbst noch fester im Griff.

Anatomie der Freudlosigkeit

lahm

---

langsam

---

müde

---

mürrisch

---

gereizt

---

verbissen

Lassen Sie sich nicht von Ihren Emotionen überfahren.

Bleiben Sie kühl. Strahlen Sie Ruhe und Souveränität aus. Geraten Sie nicht in Panik und Hysterie. Rechtfertigen Sie sich nicht laufend. Machen Sie keine Vorwürfe. Lassen Sie sich von einem Thema nicht völlig vereinnahmen.

Ermitteln Sie Ihre Reizbarkeitsliste.

Was macht Sie unruhig, nervös, gereizt und wütend? Erfassen Sie diese Risikofaktoren. Sammeln Sie Informationen darüber. Erfassen Sie, was Sie besonders stört, was Sie als unhöflich empfinden und was Ihnen zuwider ist.

Seien Sie liebenswürdiger zu sich selbst.

Verbessern Sie die Manieren sich selbst gegenüber. Gönnen Sie sich mehr an Entspannung und Abwechslung. Befreien Sie sich von chronischen Behinderungen und Bremsfaktoren. Gehen Sie großzügig mit sich um. Lassen Sie sich mehr von anderen helfen.

Von einer Wespe
können Sie
keinen Honig erwarten

Erkennen, benennen, rennen.

Wenden Sie sich
den Bienen zu !

Arbeiten Sie mit einem neuen Luxusbegriff. Luxus ist nicht nur das, was Sie haben, sondern vor allem das, was andere Ihnen abnehmen.

Es ist das Bemühen anderer um Sie, die Ihnen Mühsal, Anstrengungen und Belastungen abnehmen und Ihnen Bequemlichkeit, Erleichterung, Zufriedenheit und Wohlbefinden liefern.

Bewahren Sie sich die positiven Elemente des Kindlichen.

Lassen Sie sich nicht alt machen. Lassen Sie sich nicht den Enthusiasmus und die Ausgelassenheit stehlen. Schärfen Sie Ihren Blick für die Absurdität des Gewöhnlichen, Normalen und Üblichen.

Den Menschen geht zu viel vom Reichtum ihrer Kindheit verloren: Enthusiasmus, Unternehmungslust, Ausgelassenheit, Übermut, Neugier. Gewinnen Sie diese Werte zurück.

Treten Sie fröhlich auf. Der Bedarf an Fröhlichkeit ist unendlich. Die Art des Auftretens bewirkt den gemütsmäßigen Zustand, den das Auftreten deklariert. Auch hier liefert die Form den Inhalt.

Gehen Sie freundlicher mit sich um !

Erfreuen Sie sich an dem, was Sie sind und leisten.

Seien Sie großzügiger zu sich selbst.

Gönnen Sie sich die Unterstützung motivierender Profis.

Verbessern Sie die Stimmung anderer.

Bieten Sie ihnen etwas Außeralltägliches, was für sie über den Tag hinaus wirkt und ihnen den Zugang auf eine höhere Ebene verschafft.

Bringen Sie etwas Festliches und Sonntägliches in die Beeinflussung und Zusammenarbeit hinein. Liefern Sie Respekt und Höflichkeit.

Beschenken Sie die Menschen mit Integrität und Noblesse.

Bringen Sie Ermutigung in die Welt. Ersetzen Sie Hektik und Unruhe durch ein beispielhaft gelassenes Verhalten. Liefern Sie Klarheit und Erhellung, geistige und sprachliche Disziplin. Dämmen Sie das Vulgäre ein und fördern Sie die Schönheit und Gepflegtheit.

Holen Sie die Menschen heraus aus Zuständen der Verbitterung, der Verärgerung und der Verknüpftheit mit negativen Ereignissen und Zuständen.

Ermutigen Sie die Gutartigen, Gesitteten und Friedfertigen. Gehen Sie auf Menschen zu. Sprechen Sie Menschen an. Plaudern Sie mit ihnen. Spenden Sie Anerkennung. Bedanken Sie sich. Je positiver Sie in die Welt hinein wirken, umso mehr profitieren Sie selbst.

Verbessern Sie die Stimmung anderer und Ihre automatisch mit !

Ermutigen Sie andere.

Zeigen Sie Verständnis.

Liefern Sie Mitgefühl.

Erweisen Sie Respekt.

Schenken Sie Höflichkeit.

Bringen Sie die Menschen zum Lachen.

Befürchtungen lohnen sich nicht.

Ihre einzige Berechtigung ergibt sich aus ihrem Informationsgehalt. Befürchtungen machen Sie nicht stärker: Was befürchten Sie heute? Was befürchteten Sie gestern? Haben sich die vergangenen Befürchtungen bewahrheitet? Hat es sich gelohnt, sich ihretwegen die Stimmung zu verderben?

Rechnen Sie nicht immer damit, dass das von Ihnen erwartete Negative auch wirklich eintrifft. Fragen Sie sich bei dem vorhandenen Negativen: „Wird es so bleiben? Wird es in drei Jahren immer noch so sein?"

Chance und Potenzial.

Grämen Sie sich nicht über das, was Sie noch nicht geschafft haben. Betrachten Sie die Darstellung des bisher Versäumten nicht als den Blick in einen vorgehaltenen Spiegel.

Das bisher Versäumte und das noch nicht Optimale ist nicht die Abbildung in einem Spiegel, sondern ein Potenzial. Sehen Sie das Unterlassene nicht als das an, was Sie NICHT GETAN HABEN, sondern als das, was Sie NOCH NICHT GETAN HABEN. Bezeichnen Sie es als Chance und nicht als Versäumnis.

Retten Sie Ihre Gegenwart

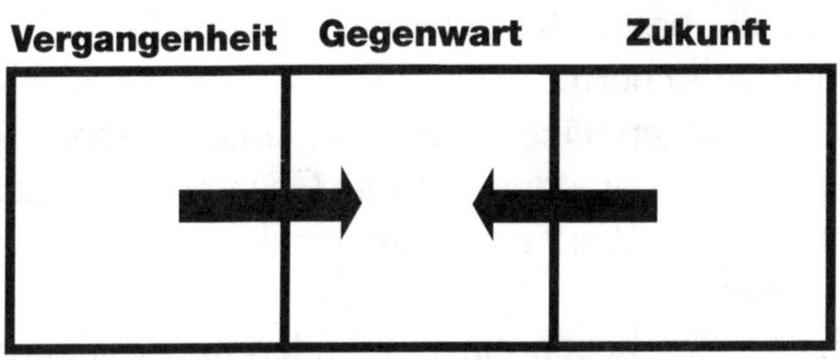

Lassen Sie nicht ständig belastende Gedanken von links und rechts in Ihre Gegenwart einbrechen.

Stolpern Sie nicht über Gelegenheiten, als wären es Hindernisse.

Empfinden Sie Chancen, die Ihnen angeboten werden, nicht als Zumutung, Belastung, Ärgernis oder Degradierung.

Sichern Sie Ihre Gegenwart.

Das ist die beste Methode, um gleichzeitig auch Ihre Zukunft zu sichern.

Sie brauchen einen wachen, entschlossenen und disziplinierten Umgang mit der Gegenwart, um diese nicht auf den Wert eines durchlaufenden Postens zu reduzieren.

Nur wenige haben ein Empfinden für die Einmaligkeit und Unwiederbringlichkeit der Gegenwart. Das Motto der meisten heißt: „Nur weg hier, schnell hin dort!" Sie sind auf der Durchreise.

Fast alle zielen darauf, das Gegenwärtige schnell zu verlassen, um sich dem anderen bereits Wartenden zuzuwenden. Sind sie dann beim anderen angekommen, denken sie bereits wieder an das Nächste. Es fehlt ihnen die Befähigung, in der Gegenwart gegenwärtig sein zu können.

Statt sich auf das zu konzentrieren, was gegenwärtig zu bedenken und zu tun ist, ziehen sie einen Teil ihrer

Jetzt ist jetzt
und
dann ist dann !

Denken Sie während der jetzigen Arbeit nicht ständig an das, was Sie anschließend noch alles zu tun haben.

Konzentrieren Sie sich auf das, was Sie jetzt tun und widmen Sie sich dem nächsten erst dann, wenn es an der Reihe ist.

Konzentration ab und lassen ihn frei schwebend in der Zukunft hin- und herirren.

Die Kraft, die sie für die Gegenwart benötigen, verfliegt und verdunstet. Das, was sie dem Gegenwärtigen noch zuwenden können, ist ein kläglicher Rest.

Prüfen Sie, wie Sie sich Ihrer jeweiligen Gegenwart gegenüber verhalten. Wie intensiv sind Sie präsent? Wie frei sind Sie? Wem gehört Ihre Gegenwart? Wie viel von Ihrer Gegenwart schenken Sie sich selbst? Wie viel von ihr geben oder opfern Sie anderen?

Achten Sie den einzelnen Tag.

Jeder Tag ist ein Solitär, ein Geschenk, das Sie nur einmal in Ihrem Leben erhalten. Geben Sie jedem Tag Elemente einer sonntäglichen Qualität.

Nehmen Sie den einzelnen Tag nicht einfach hin als Element einer Menge. Die Tatsache, dass Sie in Ihrem Leben über viele Tage verfügen, sollte Sie nicht dazu verleiten, den einzelnen Tag einfach hinzunehmen und ihn geringschätzig der Routine zu überlassen.

Schreiben Sie sich abends auf, wie Sie mit Ihrem Tag umgegangen sind, ob es ein gewonnener Tag war oder ob er verloren ging oder gestohlen wurde. Was haben Sie für den Tag getan? Was hat er für Sie getan?

Was wird das heute für ein Tag?

Wofür nutze ich ihn?

Wie gestalte ich ihn?

Wie erfreue ich mich an ihm?

Wie mache ich ihn zu einem Gewinn für mich und andere?

Kapitel 6
Gelassenheit, Leichtigkeit und innere Ruhe

Gelassenheit bringt Sie dem Mut näher.
Mit jeder sinnlosen Aufregung nehmen Sie sich einen Teil der Kraft, die Sie brauchen, um mit dem fertig zu werden, was gerade auf Sie zugekommen ist.

Wenn Sie nicht gelassen sind, dann sind Sie verknüpft, abgelenkt und weggezogen. Die Rationalität verlässt Sie, die Emotionalität ergreift Sie. Sie fühlen sich als Objekt der Ereignisse und sind der Macht anderer unterworfen.

Sie handeln überstürzt und unvorbereitet. Erst kommt der Kontakt, den Sie wie ferngesteuert anstreben, und dann erst das Ordnen der Gedanken.

Ohne Gelassenheit werden Sie zum Großmeister der sinnlosen Aufregung.

Für die Gewinnung von Gelassenheit brauchen Sie das gleiche philosophische Fundament wie für die Gewinnung des Mutes.

Sie benötigen eine grundsätzliche Einstellung zu den Erscheinungen des Lebens: Probleme sind normal. Fehler passieren. Bedrohungen tauchen auf. Der gute Wille und der gute Charakter reichen nicht aus, um dieses zu verhindern.

Sie brauchen Gelassenheit gegenüber allen Arten von Reizen und Ereignissen. Die Gewinnung von Gelassenheit ist ein Lebensziel höchster Priorität.

Gelassenheit liefert Ihnen innere Ruhe.

Mit ihr erhalten Sie sich Ihre Heiterkeit und Gelöstheit. Sie gewinnen an Leichtigkeit. Sie werden etwas langsamer und kommen doch schneller voran. Sie gewinnen den richtigen Rhythmus, handeln nicht überstürzt und überschlagen sich nicht.

Ereignissen gelingt es nicht mehr, Sie zu überfallen und umzuwerfen. Sie nehmen es hin, dass etwas passiert, und widmen sich einer rationalen Analyse und Lösung.

Vieles, was passiert, können Sie nicht verhindern.

Aber wie Sie darauf reagieren, können Sie entscheiden. Sie können bestimmen, wie das Ereignis Sie beeinflusst, ob es Sie fördert oder schädigt.

Erziehen Sie sich zur inneren Ruhe.

Die Verben der Gelassenheit zeigen Ihnen, worum es geht. Um gelassener zu werden, sollten Sie unterlassen, lassen und belassen. Sie sollten etwas verlassen und loslassen.

Gelassen

unaufgeregt

humorvoll

gelöst

ruhig

bedachtsam

diszipliniert

Das gelassene Verhalten ist ruhig, konzentriert und reserviert.

Es ist höflich, urban und galant. Es enthält Behutsamkeit, Leichtigkeit und Fröhlichkeit. Es ist nicht verbissen und nicht erregt, weder humorlos noch knochentrocken.

Sie können nicht jeden Tag im Ausnahmezustand sein.

Sie können nicht zulassen, dass Sie über Jahre hinweg jeden Tag unruhig, gehetzt und getrieben sind. Was wäre das für ein Leben, was für eine Verschwendung von Kraft und Stimmung, was für eine Vernichtung von Stil und Klasse?

Persönlich mögen Sie sich einreden, ein solches Verhalten wäre die Ausnahme. Das ist es nicht, es ist die Normalität, die im Laufe der Zeit zu einer Prägung und zu einem verderblichen Stil führt.

Dr. Krakatau, der Choleriker

Erteilen Sie Ihrem Reptilienhirn Hausverbot.

Lassen Sie sich nicht von Ihrer Emotionalität in die Mangel nehmen.

Geraten Sie nicht außer sich.

Bleiben Sie diszipliniert und gelassen.

Handeln Sie weder voreilig noch überstürzt.

Reden Sie sich nicht ständig ein, Sie stünden unter Druck.

Teilen Sie nicht dauernd mit, was Sie noch alles tun müssen, versprochen haben und noch zu halten haben.

Am besten wäre es, Sie würden immer dann, wenn Sie sagen: „Ich muss noch“ die Hacken zusammenschlagen und eine Verbeugung machen. Dann würde Ihnen bewusst werden, wie sehr Sie sich fremden Mächten unterworfen haben.

Ändern Sie Ihren Rhythmus.

Bewegen Sie sich anders. Grüßen und begrüßen Sie anders. Verabschieden Sie sich ruhiger. Telefonieren Sie entspannter. Fahren Sie anders Auto. Steigen Sie anders ein und steigen Sie anders aus. Schenken Sie anderen die Vorfahrt und sich die Ruhe.

Seien Sie gelassen, wenn es bergauf und wenn es bergab geht, wenn die Verhältnisse schlecht und wenn sie gut sind. Fragen Sie sich nicht bei jedem Ereignis, warum das gerade Ihnen passieren musste.

Bleiben Sie gelassen, wenn Sie gebremst und aufgehalten werden und wenn Sie warten müssen. Planen Sie zeitliche Reserven ein. Sie helfen Ihnen dabei, gelassen zu bleiben.

Trennen Sie sich von allen Formulierungen der Hektikersprache.

„Ich werde jetzt noch schnell! Ich werde anschließend noch schnell! Lassen Sie uns jetzt noch schnell.“ Hektik bremst, Konzentration beschleunigt. Die Anti-Hektik-Formel lautet: „Wir können uns keine Hektik leisten. Wir haben zu viel zu tun!“

Geben Sie das überstürzte Handeln auf.

Fangen Sie nicht bereits aus der Ferne an, mit anderen auf zurufende Weise Gespräche zu führen oder ihnen Aufträge zu erteilen.

Gehen Sie voller Ruhe auf andere zu. Halten Sie inne. Beginnen Sie langsam. Nennen Sie ein Stichwort. Seien Sie von Anfang an verständlich und begreifbar mit Ihrem Anliegen.

Bewerten Sie die Größenordnung belastender Ereignisse rational.

Trennen Sie zwischen Vorfall und Verursacher. Die Größe des negativen Vorfalls kann gering sein. Vielleicht aber lassen Sie sich verleiten, sich zu sehr auf die Person des Verursachers zu konzentrieren.

Das ungehörige Verhalten des Verursachers kann im Vergleich zur Bedeutung des Ereignisses selbst geradezu riesig sein.

Lassen Sie sich davon nicht verführen, Ihre Contenance einzubüßen. Machen Sie sich vielmehr klar, dass die genetische Ausstattung des Verursachers nicht auf Sie zurückzuführen ist. Es ist ein anderes Erbgut, das ihn zu dem gemacht hat, was er ist.

Sie können das nicht ändern. Das Rüstzeug für die Genmanipulation steht Ihnen noch nicht zur Verfügung. Sie haben die Macht, mit den Folgen des Verhaltens oder des Ereignisses fertig zu werden, aber nicht die Macht, den Verursacher neu zu konstruieren.

Mindern Sie die äußere Unruhe.

Dann fällt es Ihnen leichter, innerlich ruhig zu bleiben. Sie brauchen Gelassenheit, um in Unordnung leben zu können. Besser ist es, Sie setzen Mut ein, um die Unordnung zu bändigen.

Bringen Sie die Hetze und Hektik aus Ihrem Leben heraus.

Sie gewinnen damit Gelassenheit, Energie, Mut und Zeit. Sie kommen zum entspannten Arbeiten, können

Land des Lächelns

Land des Hechelns

mehr realisieren und dieses professionell in einer entspannten Atmosphäre.

Hetze und Hektik wirken zerstörerisch. Sie degradieren und nehmen dem Menschen die Würde. Mit Hektik hören Sie auf, Spieler zu sein, und werden zum Spielball.

Für andere Menschen sind Sie kein Vorbild mehr. Andere verneigen sich nicht mehr vor Ihnen, sondern schütteln den Kopf.

Die Ursachen von Hetze und Hektik werden falsch interpretiert.

Die meisten gehen davon aus, dass sie nur deshalb in Hetze und Hektik geraten, weil sie mehr zu leisten haben, als das von ihren zeitlichen Machtmitteln her möglich ist.

Sie sehen sich als Opfer einer kaum zu bewältigenden Arbeitslast, konkurrierender Prioritäten und einer unerträglichen Vielfalt von Arbeiten. Das sei die einzige Ursache dafür, dass sie sich so hektisch verhielten.

Leider stimmt die Begründung nicht. Die Ursache der Hetze und Hektik ist nicht die Arbeitslast und der mit ihr verbundene Termindruck. Die Ursache ist die Furcht vor den Folgen, die dann entstehen könnten, wenn eine Arbeit nicht bis zu einem bestimmten Zeitpunkt erledigt ist.

Niemand, der hektisch handelt, ist mutig und gelassen. Anders herum: Wenn Sie sich von der Hektik befreien, verlieren Sie gleichzeitig die Furcht. Das ist einer der großen Ansätze, mutiger zu werden.

Hektik ist nutzlos, also sinnlos.

Sie ist das reine Hin und Her. Sie ist die Verschwendung von Energie, ohne dass Sie vorankommen. Hektik besteht aus vielen Seitenbewegungen. Es ist keine kraftvolle Bewegung nach vorn.

Es sind übrigens nicht nur die anderen, die Sie in diesen Zustand hineintreiben. Ihr größter Feind sind Sie sich häufig selbst: „Die Faust in meinem Nacken kommt mir so bekannt vor. Richtig, es ist meine eigene!"

Hektik stiehlt Ihnen die Energie.

Im Zustand der Hektik verlieren Sie das Momentum. Ständig müssen Sie bremsen und dann wieder neu starten. Ihr Arbeitsrhythmus wird zerstört. Sie verlieren Zeit, Kraft und innere Ruhe.

In einer Atmosphäre der Hetze und Hektik gedeihen keine Verbesserungen. Kreatives Arbeiten ist nicht mehr möglich. Engpässe, Fehler und Verlustquellen können nicht ausgemerzt werden. Die Qualität der Leistungen sinkt.

Im Zustand der Hektik sind keine vernünftigen und ergiebigen Gespräche mehr möglich. Aufträge an andere werden nicht mehr konzentriert und verständlich gegeben, sondern in einer Atmosphäre des Flatterhaften.

Es fehlt die Gesprächsatmosphäre für die Konzentration, die notwendige Mischung von Gelassenheit und Präzision. Der Hektiker kommt nicht zur Ruhe. Er schwebt immer zehn Zentimeter über seinem Stuhl.

Viele schaffen sich die Ursachen für ihre Hektik selbst. Sie springen, wenn andere pfeifen. Sie verfügen über eine geradezu selbstmörderische Servicebereitschaft und willfährige Beflissenheit.

Studieren Sie, was Sie in die Hektik treibt.

Von welchen Besorgnissen und Befürchtungen werden Sie getrieben? Was macht Sie nervös und unruhig?

Fehlt es an Ordnung, Übersicht und Kennzeichnung? Sind überdehnte Fronten der Grund? Lassen Sie sich zu schnell auf etwas ein, was Sie mit Ihren zeitlichen Machtmöglichkeiten überhaupt nicht termingerecht schaffen können?

Bringt ein übertriebener Sicherheitsbedarf Sie in die Hektik hinein? Ist es Furcht, die Sie in das Streben nach Perfektion treibt und damit verhindert, dass Sie mit einer Arbeit fertig werden?

Fassen Sie heute den Entschluss, die Hetze und Hektik aus Ihrem Leben hinauszubefördern. Reden Sie sich nicht ein, ohne Hetze und Hektik würden Sie der Langsamkeit und Lahmheit zum Opfer fallen. Innere Ruhe und Tempo schließen sich nicht aus.

Haben Sie den Mut, Pausen zu machen.

Eines der negativsten Wörter ist das Wort „pausenlos“. Das pausenlose Leben ist ein unmenschliches, unkluges Leben. Pausen sind nicht das Gegenteil von Arbeit, sondern die Voraussetzung, um überhaupt klug arbeiten zu können.

Die Pause ist der freie Raum zwischen den Tätigkeiten. Sie allein ist der Raum, aus dem Sie wahrnehmen können, was um Sie herum geschieht. Sie ermöglicht es, Wertigkeiten zu bestimmen und die zweckmäßige Kraft- und Zeitzuordnung zu entscheiden.

Der ungefüllte Zeitraum liefert den größten Nutzen. Es ist wie bei Gebäuden. Es ist der leere Innenraum, der den Wert eines Gebäudes ausmacht.

Ohne Pausen werden Sie orientierungslos.

Es fehlt Ihnen die Möglichkeit festzustellen, wo Sie gelandet sind und was Sie erreicht haben. Es fehlt Ihnen die Zeit für die Neuorientierung und die Bestimmung der Prioritäten.

Sie brauchen Pausen, um das, was Sie zu sich genommen haben, zu verdauen und zu verarbeiten. Sie können nicht pausenlos eine Arbeit nach der anderen in sich hineinschlingen.

Die heutige Zeit ist der Pause nicht wohlgesinnt.

Manchmal hat es den Eindruck, als hätte die Pause die Welt verlassen. Ohne Pause wird es aber schwer, zur Besinnung und zur Besonnenheit zu kommen und das Sinnhafte zu erfassen.

Die ruhelose Tätigkeit schafft es, viel zu tun. Die Respektierung der Pause erleichtert es, das Richtige zu tun.

Die Übermittlung von Informationen kann heute mit größtem Tempo pausenlos erfolgen. Die Erbringung geistiger Leistungen benötigt jedoch andere Bedingungen.

Hier ergibt sich für den schöpferischen Menschen eine absurde Situation. Die Partner, für die er schöpferische Leistungen liefert, gehen davon aus, dass schöpferische Leistungen sich genauso schnell erarbeiten lassen, wie sie mithilfe der neuen Informationstechnologie zu übermitteln sind.

Die existierende Übermittlungsgeschwindigkeit wird zum Maßstab für die zugestandene Zeit für die Erarbeitung einer Leistung.

Viele bewegen sich heute pausenlos von einer Arbeit in die andere.

Ein Projekt löst das andere ab. Früher kam man mit einer Pionierleistung am Ziel an und bekam eine Belohnung. Die bestand darin, dass man sich Pausen gewähren konnte. Man konnte zu sich selbst finden, sich neu orientieren und Kraft und Mut für die nächsten Schritte gewinnen.

Heute nähern sich Menschen mit einer Pionierleistung dem Ziel. Bevor sie angekommen sind, hören sie bereits den Startschuss zum nächsten Rennen.

Sie können nicht mehr überprüfen, ob es das richtige Rennen sein wird, und Sie können auch nicht mehr die Früchte des Geleisteten wahrnehmen und ernten.

Mit der Pausenlosigkeit entstehen neue Spielregeln. Es wird damit beginnen, dass es in einem Fußballspiel keine Halbzeit mehr gibt. Später wird man dann alle Spiele einer Saison direkt hintereinander austragen.

Zehn Spiele kann eine Mannschaft dann in 15 Stunden hinter sich bringen.

Viele fürchten sich davor, eine Pause zu machen oder sie zu gewähren.

Besonders in Konferenzen nimmt die negative Einstellung zu Pausen absurde Züge an. Konferenzen werden deformiert zu pausenlosen Zumutungen. Begründet wird das damit, dass man die vielen Themen schaffen müsse. Davon kann natürlich keine Rede sein. Zum Teil werden die Themen nur kurz serviert und gleich wieder abgeräumt – 24 Gänge hintereinander.

Es wird nicht gesehen, welche Entspannung die Pausen bringen und wie sie dazu beitragen, schneller voranzukommen. Das, was sich in stundenlangen Konferenzen nicht an Übereinstimmung erzielen lässt, ist in einer Pause häufig in wenigen Minuten erreichbar.

Kinder haben noch eine positive Einstellung zur Pause.

Denken Sie an Ihre eigene Kindheit zurück. Wie haben wir uns auf die Pausen gefreut und sie genos-

10 % vital.
90 % trivial.

Das Überflüssige
ist der Feind
des Notwendigen.

Es verdeckt
das Bedeutsame
und die lebenswichtige
Substanz.

Zu viel Geröll
raubt Ihnen den Zugriff
auf die Diamanten.

sen. Nichts konnte mit einer Pause konkurrieren. Die Pause war das Größte.

Zu viele Erwachsene haben einen großen Teil der natürlichen Klugheit, der Beurteilungssicherheit und Lebenskunst verloren, die sie als Kinder besaßen. Es gehört Mut dazu, diesen Besitz der Kindheit zurückzugewinnen.

Zu viele Erwachsene haben sich mit ihrer Opferrolle abgefunden. Sie weisen darauf hin, dass die Verhältnisse, Notwendigkeiten und Verpflichtungen ihnen keine andere Möglichkeit ließen.

Damit wären wir wieder beim Thema „Mut“ und der damit verbundenen Entschlossenheit, sich nicht von den Zwängen des Lebens das Leben selbst stehlen zu lassen.

Sie benötigen Pausen, um menschlich zu bleiben.

Verwandeln Sie sich nicht in einen Roboter. Geistern Sie nicht wie ein Irrlicht durch die Welt. Halten Sie öfter inne. Vereinbaren Sie mit sich selbst Pausen genauso entschlossen wie mit anderen Termine.

Während der Arbeit sind Sie mit anderen Menschen und Gegenständen verbunden. Fremdeinflüsse wirken auf Sie ein, lenken und bewegen Sie. In der Pause jedoch entknüpfen Sie sich. Sie befreien Ihre Seh- und Wahrnehmungsfähigkeit von Fremdeinflüssen.

Jeder Gegenstand Ihres Umfeldes ist ein Sender

**Er stiehlt
Ihre Aufmerksamkeit
und behelligt Sie
mit Botschaften.**

**Lassen Sie also
nur die Sender
und Botschaften
in Ihrem Umfeld wirken,
die Sie erfreuen,
ermutigen und stärken.**

Ohne Pausen wenden Sie sich dem zu, was emotional am stärksten auf Sie wirkt. Sie werden tätig an einer Baustelle, die für Sie völlig bedeutungslos ist, nur weil es hier gerade qualmt und die Sirenen heulen.

Hören Sie auf, von einer Arbeit pausenlos in die nächste hineinzugehen, von einem Kontakt zum nächsten, von Thema zu Thema, von Person zu Person. Ohne Pausen gibt es weder Rhythmus noch Struktur. Erst die Pausen liefern Ihnen die Macht, Ihre Arbeit vernünftig zu strukturieren.

Viele Chefs haben die Macht, anderen freizugeben. Ihnen fehlt jedoch der Mut, sich selbst freizunehmen. Allein der Gedanke daran macht sie unruhig und besorgt. Sie fühlen sich nur sicher in der Bewegung.

Bei dem Gedanken an eine Pause kommen sie sich vor wie ein Marathonläufer, der von einem Zuschauer am Straßenrand zu einem entspannenden Spaziergang im Park eingeladen wird.

Die großen Führungspersönlichkeiten, die mit ihrer Charakterstärke die Welt verändert haben, gehörten nicht zu den Propheten der Pausenlosigkeit. Präsident Reagan zu seinen Mitarbeitern: „So, wir gehen jetzt nach Hause. Wir können nicht alle Probleme dieser Welt am heutigen Dienstagnachmittag lösen!“

Lust und Last

**Ihr Antrieb,
sich in Bewegung zu setzen,
ist umgekehrt proportional
der Menge des Gepäcks,
das Sie mitzuschleppen haben.**

**Ohne Gepäck
marschiert sich leichter.**

**Machen Sie nicht
aus jedem Ausflug
einen Umzug.**

***„Ich habe die völlig falsche
Kleidung mitgenommen!“***

***„Dann frage ich mich,
warum so viel davon?“***

Bringen Sie mehr Leichtigkeit in Ihr Leben.

Lassen Sie sich nicht vom Überflüssigen niederdrücken und bremsen. Alles im Leben der Menschen zielt darauf ab, etwas zu ergreifen und dann zu besitzen. Seit Jahrtausenden sind die Menschen tätig als Jäger, Sammler und Fallensteller. Das sind sie auch heute noch, je nach Art der Branche.

Menschen halten das Ergreifen für wichtiger als das Loslassen oder Loswerden des Gewonnenen. Sie sind Beschaffungswesen. Für sie ist Loslassen und Weggeben gedanklich fast immer verknüpft mit Verlieren und Aufgeben.

Dabei übersehen sie, wie schwer es wird, das Nötige zu ergreifen, wenn die Hände damit zu tun haben, das Unnötige festzuhalten.

Befreien Sie sich von Übergewicht und Ballast. 25 Prozent Übergewicht verringern die Lebenserwartung um sechs Jahre. Bei Firmen ist das Verhältnis noch ungünstiger.

Ballast ist alles, was Raum und Zeitraum stiehlt, unterhalten und gepflegt werden muss, ohne dass es selbst etwas leistet.

Behalten Sie das, was Ihnen nutzt, nicht das, was Sie ausnutzt. Behalten Sie nur das, was Ihrer Gesundheit, Ihrem Wohlbefinden, Ihrer Sicherheit, Ihrer Reputation und Ihrem Realisierungsvermögen dient.

Heben Sie nichts nur deshalb auf, weil Sie den Platz haben, es zu lagern. Freie Räume, verfügbare Zeit und eine überquellende Kriegskasse locken das Unnötige an wie ein Magnet.

Ballast bremst jede Dynamik. Er fesselt Sie an die Vergangenheit und an den Status quo, behindert Sie beim Gewinnen der Zukunft, macht Sie bewegungsunfähig und bewegungsunwillig.

Erst wenn Sie Ihr Umfeld von Ballast befreien, kommt die Schönheit der entscheidenden Dinge zur Geltung. Ballast ist Gewicht ohne Wert, Fett anstelle von Muskeln. Mit Ballast gehen Sie in den Hürdenlauf hinein wie ein Matrose mit Seesack und Skistiefeln.

Ballast bringt Unruhe in Ihr Leben.

Bereits die Wahrnehmung des Ballastes lähmt Sie. Wenn Sie sehen, was Sie erst alles wegzuräumen haben, bevor Sie das ergreifen können, was Sie brauchen, geben Sie Ihr Vorhaben meist auf.

Je mehr Sie von Wertlosem umgeben sind, umso weniger wissen Sie, was Sie an Wertvollem haben und umso schwieriger ist es für Sie, dieses wiederzugewinnen.

Manche Arbeitsplätze ähneln Trümmergrundstücken. Was Sie jedoch brauchen, ist ein Offensiv-Büro und nicht Wallensteins Lager.

Simulieren Sie Knappheit auf allen Gebieten.

Wovon würden Sie sich trennen, wenn Sie nur noch die Hälfte der finanziellen Mittel, der Zeit, des Platzes und der Beförderungskapazität hätten?

Verzichten Sie auf unnötige Gespräche, Tätigkeiten und Reisen. Tun Sie nichts Unnötiges, verlangen Sie es nicht, erfragen Sie es nicht, besprechen Sie es nicht, führen Sie es nicht ein und behalten Sie es nicht bei.

Hohe Anschaffungskosten und zusätzlich entstehende Befreiungskosten sind kein Grund dafür, ständig einen doppelt so schweren Rucksack mit sich herumzuschleppen, Antrieb zu verlieren und das Neue und Sinnvolle nicht mehr ergreifen zu können.

Werden Sie beweglicher. Befreien Sie sich. Erleichtern Sie sich. Ihr Verbündeter ist der Shredder. Entfernen Sie mit seiner Hilfe das Unnötige aus Ihrem Leben – in Form von kleinen Streifen.

Kapitel 7
Mut und Zeitverteidigung

Mut ohne Zeit hat es schwer. Wenn Sie zeitlich verarmt sind, dann fällt es auch dem Mut schwer, sich zu entfalten.

Grundsätzlich wären Sie mutig genug, um etwas kraftvoll zu unternehmen. Wenn Sie jedoch keine Zeit haben, dann fehlt Ihnen die Möglichkeit, überhaupt am Ort des Geschehens erscheinen zu können.

Sie haben weder die Zeit, dort tätig zu werden, noch die Zeit, sich für diese Tätigkeit gründlich vorzubereiten und auszurüsten.

Sie brauchen Zeit, um mutig handeln zu können. Sie brauchen Mut, um diese Zeit zu gewinnen. Es ist eine Wechselbeziehung.

Die Verteidigung Ihrer Zeit ist die Verteidigung Ihres Lebens.

Die Art und Weise, wie Sie Ihre Zeit ausgeben, entscheidet darüber, wie Sie leben und über welche Lebensqualität Sie verfügen.

Nur wenn Sie Ihre Zeit entschlossen verteidigen, können Sie über den Inhalt Ihres Lebens und Ihre Lebensweise selbst bestimmen.

Frei sind Sie in dem Maße, in dem Sie selbst entscheiden können, was Sie tun, wann Sie es tun, wie und wo.

Unsere Mittel sind knapp.

Wir haben weder die finanziellen Mittel noch die Zeit, um uns allem widmen zu können, was sich uns als verlockend oder nötig anbietet.

Mit einer Zersplitterung unserer Kräfte werden wir mit absoluter Sicherheit Schiffbruch erleiden. Die Gefahr, sich zu zersplittern, ist immer da. Sie ist umso mehr gegeben, je weniger wir unsere Zeit vor anderen und uns selbst verteidigen.

Die Realisierungselite leidet unter chronischer Zeitarmut.

Viele freie Menschen können zwar über ihre Zeit frei verfügen. Sie behalten aber nur wenig davon übrig, denn sie gehen mit ihrer Zeit zu freigiebig um.

Sie sind mit dem am großzügigsten, wovon sie am wenigsten haben, was sie am meisten benötigen und was sie, wenn sie es weggegeben haben, nie mehr zurückgewinnen können.

Sie gehen mit ihrer Zeit völlig anders um als mit ihren finanziellen Mitteln. Für den Umgang mit diesen verfügen sie über Systeme und Werkzeuge. Sie haben eine Budgetierung und ein Rechnungswesen. Vergleichbares nutzen sie für den Einsatz und die Verteidigung ihrer Zeit kaum.

Wie Sie Ihre Zeit ausgeben, so leben Sie.

**Wem Sie eine Stunde
Ihrer Zeit geben,
dem schenken Sie
eine Stunde Ihres Lebens.**

**Gehen Sie mit Ihrer Zeit
nicht großzügiger um
als mit Ihrem Geld.**

**Zahlen Sie im Zweifel
lieber mit Geld als mit Zeit.**

Finanzielle Verpflichtungen gehen sie vorsichtig ein, zeitliche häufig unüberlegt, bisweilen tollkühn.

Beginnen Sie also endlich damit, mit Ihrer Zeit genauso umsichtig und professionell umzugehen, wie das bei finanziellen Mitteln für Sie selbstverständlich ist.

Bedenken Sie, welche enormen Beträge in einem Unternehmen für das finanzielle Rechnungswesen ausgegeben werden und wie wenig an Zeit und Geld eingesetzt wird, um den fahrlässigen, nutzlosen Abfluss der Zeit qualifizierter Persönlichkeiten zu verhindern.

Was wird alles geprüft, bevor man sich auf finanzielle Verpflichtungen einlässt, und wie schnell gerät man im Vergleich dazu häufig ohne ausreichende Prüfung in zeitliche Verpflichtungen hinein!

Falsch ausgegebene Zeit ist für Sie unwiederbringlich verloren. Geld hingegen können Sie für die Zukunft sparen. Zeit können Sie nur am jeweiligen Tag ausgeben – sinnvoll oder weniger sinnvoll.

Übernehmen Sie sich nicht.

Gehen Sie nicht fahrlässig davon aus, dass Sie von den zeitlichen Machtmöglichkeiten her alles tun können, was sich Ihnen als gewinnbringend anbietet.

Es gibt einen Riesenkatalog von Projekten, die Ihnen einen enormen Nutzen liefern könnten. Verzichten Sie auf einen Teil dieser Projekte, auch wenn

Eine gewonnene Stunde pro Tag

bringt Ihnen

30 Stunden pro Monat

45 Arbeitstage pro Jahr

sie noch so verlockend erscheinen. Anfangen lässt sich vieles, beenden nur weniges. Nur das aber zählt.

Seien Sie sich der Begrenztheit Ihrer zeitlichen Machtmittel bewusst. Versuchen Sie nicht, mit zwei Händen auf vier Klavieren zu spielen.

Simulieren Sie bei allem, dem Sie sich zuwenden, zeitliche Knappheit. Wie würden Sie sich verhalten, wenn Sie nur noch halbtags arbeiten dürften, wenn Sie mehrere Wochen pro Jahr nicht anwesend sein dürften, wenn Sie nach 18 Uhr für den Aufenthalt in Ihrem Büro eine Extramiete zu zahlen hätten?

Ermitteln Sie, was Ihnen in einem bestimmten Zeitraum wirklich noch an Zeit zur Verfügung steht und über welche Zeitteile Sie längst verfügt haben?

Unterlassen und unternehmen.

Das Unterlassen ist so wichtig wie das Unternehmen, das Ablehnen so wichtig wie das Annehmen, das Aufhören so wichtig wie das Beginnen, der Rückzug so wichtig wie der Vormarsch.

Immer wieder wird diffamierend vermerkt, dass manche Unternehmer die reinen Unterlasser seien. Die Verkünder dieser Beurteilung sind selten selbst unternehmerisch tätig. Von einem bequemen Platz auf der Tribüne kritisieren sie einen Kampf in der Arena, dessen strategische Notwendigkeiten sie nicht begriffen haben.

Fahrlässige Schuldenmacher

**Jede Zusage,
jedes Versprechen
und jede Annahme von Arbeit
begründet eine Zeitschuld.**

**Vielen fehlt im Zeitlichen
das Bewusstsein
des „Schuldenmachens".**

**Ihre Zusage an einen anderen
begründet einen
zeitlichen Anspruch an Sie!**

**Machen Sie weniger
zeitliche Schulden.
Versprechen Sie weniger.
Umso mehr können Sie halten
und umso besser
wird Ihre terminliche Bonität.**

Von der überragenden Bedeutung des entschlossenen Unterlassens für den unternehmerischen Erfolg – und damit auch den Erhalt der Sicherheit der zusammenarbeitenden Menschen – haben sie nichts begriffen.

Jeder professionelle, tatkräftige Unternehmer ist gleichzeitig auch ein entschlossener Unterlasser. Hierzu gehört häufig mehr Mut, Selbstbewusstsein und Standfestigkeit als zu manchen Unternehmungen.

Es gehört weniger Mut dazu, mit den Lemmingen loszurennen als innerhalb einer Legion von Lemmingen einen klaren Kopf zu bewahren, kaltblütig stehen zu bleiben und sich nicht mitreißen zu lassen.

Nehmen Sie sich mehr Zeit, um zu entscheiden, wovon Sie die Finger lassen sollten, sich fern zu halten haben oder sich trennen sollten.

Legen Sie niemals nur fest, was zu geschehen hat. Bestimmen Sie gleichzeitig auch immer, was zu unterbleiben hat.

Besonders gilt das auch bei Veränderungen, die Sie einführen. Entscheiden Sie nicht nur, was zu verändern ist, sondern auch, was auf gar keinen Fall verändert werden darf.

Gehen Sie damit von der Einsicht aus, dass auch vor uns kluge, begabte Menschen existierten und etwas schufen, was nicht fahrlässig aufgegeben werden sollte.

Nicht jede Veränderung führt auf eine höhere Ebene, und zu den großen Fehleinschätzungen unserer Zeit gehört die Vorstellung, dass von allen bisher existierenden Generationen erst die jetzige in der Lage ist, klug und richtig zu handeln.

Vorwärts Lemminge,

der Schnellste hat den ersten Sprung !

Machen Sie nicht nur deshalb mit, weil es auch alle anderen tun.

Sie müssen nicht bei jeder Katastrophe dabei sein.

Fahrlässige Schuldenmacher.

Viele sind fahrlässige Schuldenmacher, nicht finanziell, jedoch zeitlich. Sie beherrschen die Kunst, sich zeitlich eine Last nach der anderen aufzuladen. Sie sind ständig greifbar, mischen sich überall ein und bieten sich für alles an.

Die Bedeutung der Zeitverteidigung für ihr eigenes Leben haben sie entweder noch nicht erkannt, oder es fehlen ihnen der Mut, die Entschlossenheit und die Methodik, sich entsprechend zu verhalten.

Die Verteidigung von Raum und Zeit.

Ihr räumliches Territorium verteidigen alle mit Bravour. Ihr zeitliches Territorium lassen sie weitgehend ungeschützt.

Erkennen Sie, dass auch die Zeit eine Art von Raum ist. Der Zeitraum, über den Sie verfügen können, ist Ihre zeitliche Behausung.

Mit einem freien Zeitraum von 24 Stunden verfügen Sie – bildlich gesprochen – über eine Wohnhalle. Steht Ihnen jedoch nur eine Sammlung einzelner freier Stunden zur Verfügung, dann bewegen Sie sich in Zeiträumen, die den Charakter von Zellen haben.

Enge Räume machen körperlich krumm, enge Zeiträume seelisch und geistig. Der ständige Aufenthalt in beengten zeitlichen Räumen deformiert den Menschen. Er macht ihn gebückt und kurzatmig.

Mehr Mut zum Neinsagen

Mehr Konsequenz.
Mehr Methode.
Bessere Ablehnungsargumente.

Jeder erfolgreiche Unternehmer ist immer auch ein entschlossener Unterlasser.

Entschlossenes Unterlassen ist genauso wichtig wie entschlossenes Unternehmen.

Es ist schwer, größere Bewegungen zu machen, wenn man zeitlich in bescheidenen Verhältnissen lebt und ständig an die Mauern eines vorhandenen Zeitraumes stößt.

Bei Wohnräumen haben Sie ein sicheres Empfinden dafür, wie viele Personen in Ihre Räume hineinpassen und wie lange sie sich dort aufhalten dürfen.

Sie behalten sich das Recht vor, selbst darüber zu bestimmen, wer bei Ihnen eindringen und sich unter einem Dach mit Ihnen aufhalten darf.

An den Türen haben Sie Schlösser. Sie verfügen über eine Alarmanlage, vielleicht sogar über eine Kamera, um zu beobachten, wer sich Ihren Wohnräumen in welchem Aufzug mit welchem Anliegen nähert.

Ihre Zeiträume schützen Sie weit weniger. Viele, die in Ihre Zeit einbrechen wollen, schaffen es. Sie rufen an, schreiben Ihnen, sind plötzlich da. Die berühmte Karnevalsfrage „Wollen wir sie reinlassen?" gilt für Zeiträume nicht. Was Ihre Zeiträume angeht, leben Sie in einer Wohngemeinschaft.

Der Großangriff auf Ihre Zeit.

Von allen Seiten erfolgt ein Großangriff auf Ihre Zeit. Zeit lässt sich leichter stehlen als Geld. Wer Ihnen Zeit stiehlt, der nimmt Ihnen damit einen Teil Ihrer Realisierungskraft.

Opportunitäts-
kosten ?

Greifen Sie nicht nach Neuem, wenn Ihnen dabei das Gewonnene aus den Händen gleitet

und Sie das Angebahnte nicht mehr verfolgen können.

Die Schamlosigkeit, mit der manche die Zeit anderer stehlen, wäre im Bereich des Finanziellen völlig unvorstellbar. Wenn eines Tages einmal Zeit genauso hoch bewertet werden wird wie Geld, dann wird man auch das Maß an Kriminalität erfassen können, das sich im zeitlichen Bereich abspielt: Diebstähle, Einbrüche und Überfälle.

Zeitdiebe heben hemmungslos von den Zeitkonten anderer ab. Mit der Unpünktlichkeit beginnt es. Wer unpünktlich ist, der ist zeitlich nicht kreditwürdig. Wer Sie warten lässt, nimmt Ihnen die Verfügungsgewalt über Ihre Zeit. Wer Ihnen von einem Arbeitstag fünf Minuten stiehlt, der nimmt Ihnen damit ein Prozent der Gesamtarbeitszeit von acht Stunden.

Ein Redner, der einem anderen Redner auf einem Kongress Geld aus der Brieftasche stiehlt, wird anschließend von der Polizei in Gewahrsam genommen.

Ein Redner, der überzieht und damit einem anderen Redner einen wesentlichen Teil von dessen Vortragszeit stiehlt, ist bisher nur in Ausnahmefällen abgeführt worden.

Verteidigen Sie Ihre Zeit.

Jede Zeitmenge, die Sie weggeben, ist identisch mit einer Lebensmenge. Fragen Sie sich deshalb häufiger: „Wie viel Zeit meines Lebens habe ich heute an wen gegeben?“

Warum überhaupt ?

Stellen Sie sich diese Frage häufiger als bisher!

Tun Sie das, was nötig ist, und lassen Sie das andere sein.

Erkennen Sie Ihre zeitlichen Grenzen. Überschreiten Sie diese nicht. Seien Sie zeitlich nicht großzügiger, als Sie sich das leisten können. Verleiten Sie andere nicht zum Kameradendiebstahl. Den gibt es nicht nur bei Wertsachen, sondern auch bei der Zeit. Verschließen Sie Ihr Zeitspind.

Entscheiden Sie selbst darüber, welche Zeitbeträge Sie bereit sind, an andere zu geben. Zahlen Sie nie mehr Zeit als gerechtfertigt und nötig.

Selbstbestimmung – Fremdbestimmung?

Verschaffen Sie sich eine Übersicht über Ihre zeitliche Gebundenheit. Wie groß ist der Anteil der Fremdbestimmung über Ihre Zeit? Über welche Zeitbeträge und Zeiteinheiten können Sie noch in bestimmten Zeiträumen selbst verfügen?

Laden Sie sich weniger Belastungen auf.

Gehen Sie ein Minimum an Verpflichtungen und Verknüpfungen ein. Mischen Sie sich nicht überall ein. Drängen Sie sich nicht auf. Nehmen Sie nicht unnötig Kontakt auf. Vermeiden Sie alle Verpflichtungen, die nicht unbedingt nötig sind.

Verpflichtungszwang.
Kesseltrieb.
Handschellensucht.

Zu viele sind unfähig,
große, freie Zeiträume
ungebunden zu ertragen.

Sie trauen sich nicht,
ihre Zukunft offen zu halten.

Von einer Verpflichtung
marschieren sie in die andere.

Sie müssen sich anbinden,
sonst fallen sie um.

Die Furcht vor der Freiheit
ist Teil ihres Wesens.

Denken Sie bereits beim Einsteigen an das bequeme Aussteigen. Versprechen Sie weniger. Versprechen Sie nichts für einen zu frühen Zeitpunkt. Erhalten Sie sich einen Spielraum und setzen Sie sich nicht selbst unter Druck.

Jedes Leistungsversprechen von Ihrer Seite ist die Übernahme einer zeitlichen Schuld. Eine Zusage können Sie in wenigen Minuten liefern. Die Erledigung dessen, was Sie dann fahrlässig auf sich genommen haben, kostet Sie vielleicht Monate.

Verstärken Sie Ihr Ablehnungskönnen.

Nur wenn Sie ablehnen können, bleiben Sie frei und werden Sie frei. Entwickeln Sie Ihre Ablehnungsfähigkeit. Für erfolgreiche Menschen ist sie lebenswichtig.

Je erfolgreicher Sie sind und je mehr Sie anderen zu bieten haben, umso mehr Menschen stürzen sich auf Ihre Zeit. Wenn Sie es nicht schaffen, Ihre Zeit zu verteidigen, dann ist es bald Schluss mit dem Erfolg.

Sie brauchen die Kraft, Anschläge auf Ihre Zeit abzuwehren. Sie benötigen plausible Argumente und ein Können, das darin besteht, sich das Wohlwollen derer zu erhalten, die etwas von Ihnen wollen, ohne es dann zu bekommen.

Lassen Sie sich terminlich weniger unter Druck setzen

Kämpfen Sie hartnäckig um Termine, die Sie wirklich einhalten können.

Entwickeln Sie bessere Argumente, um die Termine zu erhalten, die Ihnen einen zeitlichen Spielraum lassen.

Von Ihrer Entschlossenheit bei Terminverhandlungen hängt Ihre Lebensqualität in den nächsten Wochen oder Monaten ab.

Zeiten geminderter Abwehrkraft.

Zu bestimmten Zeiten verfügen Sie über eine unterschiedliche Abwehrkraft gegenüber Zeitforderungen, die andere an Sie stellen.

Immer wenn Sie unter Druck sind und auf das Wohlwollen Ihrer Umgebung besonders stark angewiesen sind, neigen Sie dazu, den zeitlichen Forderungen Ihrer Umgebung nachzukommen.

Erfassen Sie also die Situationen, in denen es für andere leicht ist, alles von Ihnen zu bekommen, was sie von Ihnen haben möchten. Halten Sie sich in diesen Situationen möglichst weit von anderen entfernt.

Ein Chirurg hat das einleuchtend beschrieben: „Wenn ich aus dem Operationssaal komme, kann jeder alles von mir verlangen. Ich bin absolut abwehrunfähig. Ich müsste zum Hinterausgang hinausgehen oder durch eine Falltür verschwinden!“

Stellen Sie fest, welche Art von Fisch Sie sind.

In welchen Gewässern sind Sie besonders gefährdet? Auf welche Köder fallen Sie herein? Auf was beißen Sie an?

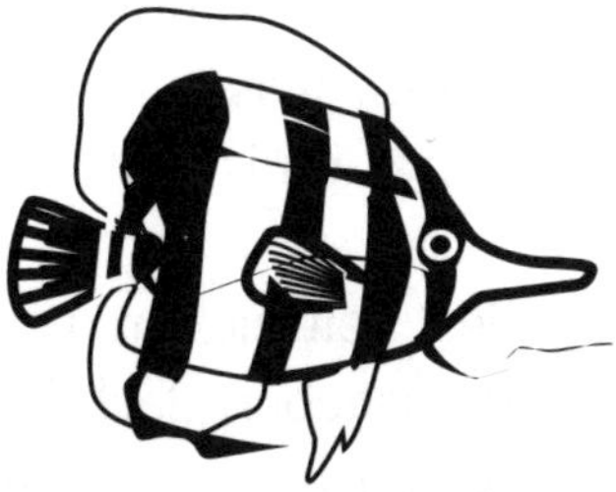

**Was für eine Fischart sind Sie?
Auf welche Köder fallen Sie herein?**

Schnappen Sie nicht nach jedem Wurm, der sich Ihnen nähert.

In manchem, was sich krümmt und windet, ein Angelhaken sich befindet.

Halten Sie sich weit von denen entfernt, die bisher immer einen besonderen Erfolg hatten, Teile Ihrer Zeit bei Ihnen abzuholen.

Lassen Sie sich nicht mit Leuten ein, die zu viel Zeit haben und nicht wissen, was sie mit ihrer Zeit anfangen sollen. Zeitreiche und Zeitarme passen nicht zusammen.

Die Stimmung des Zeitreichen verbessert sich mit jeder Minute, die er ausgeben darf. Die Stimmung des Zeitarmen reduziert sich mit jeder verlorenen Minute. Der Reiche wird reicher. Der Arme wird ärmer.

Entwickeln Sie Methoden, um Anschläge auf Ihre Zeit abzuwehren. Eine Methode besteht darin, dass Sie den, der etwas von Ihnen will, mit einer Gegenforderung als Voraussetzung für Ihre Zustimmung konfrontieren.

Verlangen Sie von ihm die Erfüllung einer Vorbedingung, die der andere als völlig plausibel und gerechtfertigt ansieht, die er aber weder erfüllen will noch erfüllen kann. Damit ist der Anschlag auf Ihre Zeit meist abgewehrt.

Revanchieren Sie sich bei jedem, der Sie mit einer Belastung bedient, mit zwei Belastungen für ihn. Auch diese Verhaltensweise wirkt erzieherisch.

Lehnen Sie definitiv ab, wenn Sie ablehnen. Schließen Sie die Tür ganz. Nehmen Sie dem anderen die Hoffnung, doch noch Teile Ihrer Zeit für sich gewinnen zu können.

Wofür sind Sie da? Wofür nicht? Bestimmen Sie Ihre zeitliche Diät. Welche Arbeiten gehören nicht auf Ihren Speisezettel? Wovon wollen Sie zukünftig die

Zweierlei Maß
... warum ?

Wer Ihnen
100 EURO stiehlt,
den lassen Sie
verfolgen!

Wer Ihnen
100 Minuten stiehlt,
dem drücken Sie
die Hand!

Finger lassen? Was kommt bei Ihnen an Tätigkeiten nicht mehr auf den Tisch?

Fahrlässige Zusagen.

Lassen Sie sich nicht durch Ihre Begeisterungsfähigkeit auf fahrlässige Zusagen ein.

Enthusiasmus hat eine gefährliche Nebenwirkung. Er verführt Sie dazu, Ihre Realisierungsressourcen weit zu überschätzen: „Das bekommen wir hin. Das erfordert nicht viel Zeit. Das meiste ist bereits fertig. Das läuft nebenbei!"

Nichts läuft nebenbei. Jedes neue Projekt ist die Eröffnung einer neuen Front. Für jedes neue Projekt müssen Sie von anderen Projekten Kräfte abziehen. Wenn Sie Neues aufgreifen, sind Sie fast immer gezwungen, Vorhandenes loszulassen.

Rüsten Sie sich gegen plötzliche Überfälle auf Ihre Zeit. Geben Sie nicht sofort eine Zusage. Kündigen Sie eine Prüfung der Machbarkeit an. Versprechen Sie einen Rückruf oder eine schriftliche Äußerung.

Warum nehmen Sie bestimmte Arbeiten an? Aus Sicherheitsbedürfnis, Begeisterungsfähigkeit, Geltungssucht? Oder wollen Sie ausschließen, dass ein anderer die Arbeit übernimmt?

Jemand nähert sich Ihnen mit dem Argument, dass ausschließlich Sie fähig seien, eine Leistung dieser Art zu erbringen. Wenn Sie dann ablehnen, erfahren Sie von Ihrem Gesprächspartner sehr schnell, dass es

Haben Sie fünf Minuten Zeit für mich ?

**Vorsicht!
Wenn Ihr Gast erst einmal sitzt, schraubt er sich am Stuhl fest und lebt dort weiter!**

vielleicht doch einen anderen gäbe, der das auch könnte – und zwar offenbar ganz hervorragend. Mit diesem Hinweis hat der andere Sie dort, wo er Sie haben möchte.

Lassen Sie sich nicht in den falschen Zug setzen. Es könnte lange dauern, bis Sie wieder die Möglichkeit bekommen, aussteigen zu können. Manche sitzen immer noch in der Transsibirischen Eisenbahn.

Nehmen Sie keine tollkühnen zeitlichen Verpflichtungen auf sich, nur weil ein anderer Sie so angezündet hat, dass Sie vor Begeisterung lichterloh brennen. Vergessen Sie nie: Viele geniale Anzünder verwandeln sich nach erfolgreich gelegtem Feuer in Lieferanten für kalte Duschen.

Machen Sie keine halben Zusagen. Sie werden von anderen sofort als endgültige Verpflichtungen aufgefasst. Gleiches gilt für zaghafte, schwächliche Ablehnungen.

Machen Sie keine Konzessionen ohne Not.

Verlieren Sie nicht Ihre Zeit, nur um ein besseres Klima zu schaffen und einen freundlichen Abgang zu haben. Liefern Sie Stil, verweigern Sie Inhalt. Zahlen Sie mit Höflichkeit, aber nicht mit Zeit.

Lassen Sie sich kein schlechtes Gewissen beibringen. Viele, die wenig tun, werfen denen, die viel tun, ständig vor, was sie noch nicht getan hätten.

Das Wahnsinnsprojekt des Jahres

Auf welches werden Sie sich in diesem Jahr einlassen?

Dank dieses Projektes werde ich unsere Welt für ein halbes Jahr verlassen.

Diejenigen, die etwas von anderen haben wollen, schreien lautstark. Die, die für andere etwas leisten, sind kaum zu hören.

Lassen Sie sich nicht fahrlässig auf zeitliche Verpflichtungen ein.

Prüfen Sie mit größter Wachheit die wirkliche Höhe der zeitlichen Verschuldung, auf die Sie sich gerade einlassen wollen.

Welche Verpflichtungen übernehmen Sie konkret? Wie viel Zeit ist dafür nötig? Welche zeitlichen Nebenkosten und welche zeitlichen Folgekosten fallen an?

Für welchen Zeitraum legen Sie sich fest? Wie weit erstreckt sich Ihre zeitliche Verpflichtung in die Zukunft hinein?

Wie viel Zeit müssen Sie bereits vor Beginn des Projektes einsetzen? Wie viel für das Projekt selbst? Wie viel nach Beendigung?

In welche Abhängigkeit werden Sie geraten? Mit wem müssen Sie zusammenarbeiten? Mit welchen Personen außerdem? Sehen Sie sich diese Personen genau an, dann können Sie ahnen, was vielleicht auf Sie zukommt.

Wie oft müssen Sie sich mit wem treffen? Wie oft werden Sie angerufen werden? In welchen Abständen müssen Sie zur Verfügung stehen? Wie groß oder wie klein ist der Zeitraum, der Ihnen kontaktfrei bleibt?

Lassen Sie sich nicht jeden Kampf aufzwingen

Werden Sie nicht
auf allen möglichen
Kriegsschauplätzen
vorbeugend
oder reagierend tätig.

<u>Fragen Sie sich vorher:</u>

Bedroht uns das jetzt?
Bedroht uns das später?
Wie stark gefährdet es
uns überhaupt?

Was verlieren wir,
wenn wir nicht reagieren?
Wovon hält es uns ab,
wenn wir reagieren?

Wem liefern Sie sich aus, wem geben Sie die Macht, Sie zu hetzen, unter Druck zu setzen und in Terminnot zu bringen? Wem räumen Sie praktisch diktatorische Fähigkeiten Ihnen gegenüber ein?

Sind Sie gewillt, das auf sich zu nehmen? Reicht Ihr zeitliches Vermögen dafür? Haben Sie wirklich die Zeit, sich auf ein Projekt dieser Größenordnung einzulassen?

Werden Sie fähig sein, die Leistungen und die Leistungsqualität zu liefern, die für Sie absolut selbstverständlich sind und zu einem Teil auch von den anderen erwartet werden?

Manche Projekte, auf die Sie sich einlassen, sind partielle Selbstmordprojekte. Sie haben weder Anfang noch Ende. Sie bedürfen eines unendlichen Anlaufes, der bereits den Charakter eines Marathonlaufes hat.

Sie müssen bei Adam und Eva beginnen. Wann und bei wem es aufhört, werden Sie nie erfahren. Projekte dieser Art sind ihrem Wesen nach befristete Totenscheine.

Wenig mehr ist endgültig zu viel.

Erkennen Sie die Bedeutung der Marginalzeit. Es fehlt Ihnen nicht Zeit an sich, sondern die Restzeit an der Grenze. Die letzten fünf Prozent Zeit, die Ihnen für eine Aufgabe fehlen, können die Qualität Ihrer Gesamtleistung zerstören.

Kontaktstrategie

**Die Zeit,
die Sie aufwenden,
um unwichtige
Kontakte
wahrzunehmen,
ist die Zeit,
die Ihnen fehlt,
um wichtige
Kontakte
vorzubereiten.**

Viele Belastungen sind Grenzbelastungen. Eine zusätzliche Belastung von einer Stunde reicht aus, um Sie unter einen Druck zu setzen, den Sie ohne diese geringe zeitliche Zusatzbelastung überhaupt nicht gespürt hätten.

Der zusätzliche Strohhalm bricht das Rückgrat des Kamels. Mit der kleinen, zusätzlichen Zeitbelastung ist es ähnlich.

Lassen Sie sich nicht jeden Kampf aufzwingen.

Werden Sie nicht auf allen möglichen Kriegsschauplätzen vorbeugend oder reagierend tätig. Fragen Sie sich immer: Bedroht uns das jetzt? Bedroht es uns später? Wie stark gefährdet es uns überhaupt? Was verlieren wir, wenn wir nicht reagieren? Wovon hält es uns ab, wenn wir reagieren?

Befreien Sie sich von bestehenden Belastungen.

Lösen Sie sich aus Verpflichtungen der Vergangenheit. Brechen Sie Projekte ab, wenn diese sich als unsinnig erweisen. Beenden Sie nutzlose Kooperatio-

Verteidigen Sie
Ihre Zukunftszeit
nicht schlechter als
Ihre Gegenwartszeit

Verpflichten Sie sich nicht ohne Bedenkzeit.

Verpflichten Sie sich nicht früher als nötig.

Binden Sie sich nicht zu langfristig.

Binden Sie sich nicht völlig.

nen. Unternehmen Sie nicht über Jahre hinweg immer wieder vergebliche Anläufe.

Ein Strategiefehler höchsten Grades besteht darin, ein unsinnig gewordenes Projekt nur deshalb fortzusetzen, weil Sie einmal damit begonnen haben und sich und anderen nicht eingestehen möchten, dass es sich um eine Fehlentscheidung handelte.

Nehmen Sie nicht fahrlässig Kontakt auf.

Wie sehr Sie sich allein durch die Kontaktaufnahme gefährden können, zeigt Ihnen der medizinische Begriff „Kontaktperson".

Werden Sie besser auf dem Gebiet der Kontaktstrategie. Prüfen Sie die Sinnhaftigkeit und Notwendigkeit von Kontakten. Bestimmen Sie, mit wem Sie zu tun haben wollen und mit wem nicht.

Agieren und reagieren Sie weniger überstürzt und emotional. Wandern Sie weniger. Telefonieren Sie weniger. Nehmen Sie nicht wegen jeder einzelnen Sache Kontakt auf. Behandeln Sie mehrere Themen gebündelt.

Arbeitsbelastung, Unruhe, Hektik und Unordnung behindern und verhindern eine gründliche Vorbereitung. Sie bewirken die Flucht in den Kontakt. Für viele ist es leichter, sich in einen Kontakt zu stürzen, als sich diszipliniert darauf vorzubereiten.

Arbeit ist die Umwandlung von Zeit in Kaufkraft

Setzen Sie einen Teil dieser Kaufkraft ein, um sich dafür die Zeit anderer zu kaufen.

Zahlen Sie für das, was Sie wollen, nicht nur mit Ihrer eigenen Zeit.

Nutzen Sie stärker zeitliches Fremdkapital.

Termintaktik.

Jeder Termin, den Sie vereinbaren, ist die Übernahme einer zeitlichen Verpflichtung anderen gegenüber. Denken Sie über das Thema „Termine“ intensiver nach. Ermitteln Sie, wie viele Termine Sie pro Jahr mit anderen vereinbaren.

Wenn Sie diese Zahl haben, dann wissen Sie, warum es sich lohnt, ein Meister auf dem Gebiet der Terminvereinbarungen zu werden.

Stellen Sie sich vor jedem Termin folgende Entlastungsfragen:

Warum überhaupt?
Warum ausgerechnet ich?
Warum jetzt?
Warum bereits jetzt?
Warum erst dann?
Warum gerade dort und nicht hier?

Legen Sie möglichst keinen Termin in die Mitte eines großen, bisher terminfreien Zeitraums. Der große Zeitraum wird halbiert. Große Aufgaben lassen sich nicht mehr wahrnehmen. Ein kleiner Ausflug ist noch möglich. Mit Hawaii ist es vorbei.

Schützen Sie Ihre Zeit weit im Voraus.

Gegenwartszeit lässt sich nicht sparen, sondern nur auf eine andere Weise ausgeben. Zukunftszeit dagegen lässt sich freihalten.

Geben Sie also Ihre Zukunftszeit nicht fahrlässig und ohne Not viel zu frühzeitig weg an andere. Halten Sie sich die Optionen so lange wie möglich offen.

Bei der Beurteilung einer Zeitforderung, die von Ihnen erst in einem Jahr zu erfüllen ist, beherrscht Sie nicht das Gefühl eines Mangels.

Umso gefährdeter sind Sie, wenn eine Forderung nach einem noch so weit entfernt liegenden Termin an Sie gerichtet wird. Bleiben Sie vorsichtig. Die Zeit der Zukunft ist schneller da, als Sie denken.

WAS SIE IN DER GEGENWART VERTEIDIGEN, WIRD SIE IN DER ZUKUNFT ERFREUEN.

Kapitel 8

Das Ende der Selbstfesselung, Eigenlähmung und Verzögerungssucht

Es gibt genügend externe Hindernisse, Bremsfaktoren und Widerstände, die es Ihnen erschweren, die Lage zu verändern, in der Sie sich jetzt befinden.

Machen Sie trotzdem nicht den Fehler, die Ursachen dafür, dass Sie nicht schneller vorankommen, mit diesen externen Hindernissen zu entschuldigen.

Studieren Sie vielmehr, wie und womit Sie sich selbst fesseln, bremsen und lähmen.

Die externen Bremsfaktoren belasten Sie bereits hinreichend. Es ist nicht nötig, dass Sie sich darüber hinaus auch noch selbst um Ihren Antrieb bringen.

Bekämpfen Sie die Verzögerungssucht. Nur wenige Probleme verschwinden von selbst, wenn Sie sich nicht mit ihnen beschäftigen. Die meisten existieren weiter. Bei den Chancen sieht es anders aus. Von ihnen entfliehen die meisten mit Sicherheit.

Bringen Sie Entschiedenheit, Entschlusskraft und Entscheidungsstärke in Ihr Leben hinein. Kaum etwas demotiviert Sie und Ihre Umgebung so sehr wie die Unfähigkeit, einen Entschluss fassen zu können: „Das Schlimmste von allem aber war, er konnte sich nicht entscheiden. Das war so selbst bei den kleinsten Dingen!"

Schieben Sie nicht alles, was Sie tun müssten, jedoch noch nicht getan haben, auf den Zeitmangel. Grund ist viel häufiger der Mangel an Entschlusskraft.

Die fehlende Entschlusskraft ist eine der Ursachen dafür, dass Sie unter Zeitmangel leiden. Würden Sie schneller Entschlüsse fassen, hätten Sie auch mehr Zeit.

Gehen Sie kämpferisch an alles heran. Befreien Sie sich von der Mentalität einer Besatzungstruppe. Deren Aufgabe ist es, ein erobertes Territorium besetzt zu halten und zu verhindern, dass etwas passiert.

Die offensive Organisation und der offensive Mensch fühlen sich dem Gegenteil verpflichtet, nämlich möglichst viel geschehen zu lassen.

Es gibt wenige wirklich offensive Unternehmen. Viele tragen die Maske der Kühnheit. Hinter ihr verbirgt sich jedoch eine Ansammlung kollektiven Kleinmutes.

Es gilt nur ein Gesetz: „Persönliche Sicherheit um jeden Preis!"

Jeder von uns lebt innerhalb von Grenzen, die er weitgehend selbst festgelegt hat. Befreien Sie sich von diesen Begrenzungen. Erweitern Sie das Territorium Ihrer Handlungsfähigkeit.

Halten Sie sich nicht nur in der sicheren Mitte Ihres Gebietes auf. Gehen Sie an die Grenzen heran. Überschreiten Sie diese.

Zwei Arten von Menschen gibt es. Die eine Art wird tätig mit dem, was sie hat. Die andere Art klagt über das, was ihr fehlt.

Anstatt sich auf das Herausfinden dessen zu konzentrieren, was existiert und in seiner positiven Bedeutung und Nutzenstiftung noch nicht erkannt ist, kommen nur defätistische Selbstlähmungskommentare. Verkäufer: „Wir haben zurzeit leider überhaupt nichts Neues oder Besonderes zu bieten!"

Verzögeritis

Bei uns muss kein Problem befürchten, dass wir ihm etwas antun.

Nehmen Sie wahr, über welche Kräfte Sie verfügen, und erkennen Sie gleichzeitig, dass es mehr sind, als Sie bisher angenommen haben.

Ermitteln Sie, mit welchen Erwägungen und Absichten Sie sich bereits seit Jahren gedanklich beschäftigen. Sehen Sie sich die Warteschlange in Ihrem Gehirn an. Leiten Sie ab, welche Entscheidungen überfällig sind, und treffen Sie Entschlüsse.

Heilen Sie sich von der Verzögerungssucht und lassen Sie sich anschließend neue Visitenkarten drucken. Diese sollen Sie täglich daran erinnern, welchen Status Sie erreicht haben – „Entfesselungskünstler und Befreiungsexperte".

Analysieren Sie die Ursachen, die Sie daran hindern, schneller voranzukommen. Es könnten die folgenden sein:

Zeitarmut und Erschöpfung.

Sie sind durch den Umfang Ihres Arbeitsvolumens und durch die Anforderungen an Sie so belastet, dass Sie weder zeitliche Reserven noch Kraftreserven besitzen. Sie müssen sich so sehr auf das konzentrieren, was Sie aktuell zu tun haben, dass Sie keinen Blick mehr für das haben, was Sie grundsätzlich weiterbringen würde.

Damit fehlt Ihnen auch die Möglichkeit, Ihre Verhältnisse sorgfältig zu analysieren und einen Operati-

Warum fangen Sie nicht einfach an?

**Was fürchten Sie?
Was blockiert Sie?
Was fehlt Ihnen?**

Was hält Sie zurück?

onsplan auszuarbeiten für den Ausbruch aus dem Kessel, in dem Sie sich befinden.

Sie haben Vorgaben. Sie haben bestimmte Ziele zu erreichen. Hierfür haben Sie Ihre gesamte Zeit und Kraft einzusetzen. Auf den bestehenden Schienen müssen Sie noch schneller werden. Sie sind nicht in der Lage, parallel dazu ein besseres Schienensystem für sich zu entwickeln.

Sie sind körperlich und psychisch erschöpft. Auch das macht Sie unfähig, sich offensiv von Ihren jetzigen Belastungen zu befreien.

In der geschilderten Lage befinden sich viele. Die Lage lässt sich ändern. Eine Erkenntnis liefert dafür den Ansatz: Ein Teil der von Ihnen jetzt eingesetzten Zeit ist völlig unergiebig. Während die ersten fünfzig Prozent Ihres Zeiteinsatzes neunzig Prozent Ihres Gesamterfolges bringen, liefern Ihnen die zweiten fünfzig Prozent Ihrer Zeit nur noch bescheidene zehn Prozent des Gesamtergebnisses.

Trennen Sie sich von den unergiebigen Tätigkeiten und Aktivitäten. Beenden Sie das, was gerade noch läuft, aber einen viel zu bescheidenen Erfolgsbeitrag leistet. Wahrscheinlich läuft es nur deshalb noch, weil Sie eine völlig ungerechtfertigte Zeitmenge dafür einsetzen, um es am Laufen zu halten.

Befreien Sie sich von dem, was Ihnen zu wenig bringt und dafür zu viel von Ihnen fordert. Damit haben Sie sehr schnell die Zeit, um Ihre Lage positiv zu verändern.

Zeit ohne Kraft bringt wenig

**Die Zeit braucht
als Begleiterin
die Kraft,
um Wirkung
zu entfalten.**

**Bei vielen reicht
die Zeit durchaus,
doch an der Kraft,
da fehlt es.**

Die Hinnahme des Unerträglichen.

Es gibt in Ihrem Leben Belastungen, die unerträglich sind, von denen Sie sich längst hätten befreien müssen und die Sie immer noch mit sich herumschleppen und ertragen.

Diese Belastungen strahlen auf alles negativ aus, infizieren Ihre gesamte Lebenswelt und schwächen Sie an sich.

Warum ertragen Sie diese Belastungen immer noch? Sind Sie müde geworden, fehlt Ihnen die Kraft, die Opfer auf sich zu nehmen, die Sie für die Befreiung vielleicht erbringen müssten?

Im Griff der Routine.

Die Routine hat ihr Positives. Sie macht Ihr gegenwärtiges Leben leichter. Mit der Routine besitzen Sie eine etablierte Ordnung für Ihr Verhalten und befinden sich auf vertrautem Verhaltensgelände.

Sie haben Routine, aber die Routine hat auch Sie. Die Routine fesselt Sie an den Status quo. Nur wenn Sie Ihre Routine sprengen, gewinnen Sie die Stimmung und den Antrieb für ein offensives Handeln.

Je länger Sie in der jetzigen Routine verharren, desto weniger nehmen Sie wahr, worin sie besteht. Also gehen Sie an Ihre Routine heran mit den Augen dessen, der seine tägliche Welt und sein Verhalten in dieser das erste Mal in seinem Leben zu Gesicht bekommt.

Trennen Sie sich von diesen Sprüchen

Das geht nicht!
Das geht aber nicht überall!
Das geht aber nicht immer!
Das geht aber nicht bei jedem!

Keine Lösung funktioniert immer, überall und bei jedem.

Suchen Sie nicht nach dem Stein der Weisen.

Was Sie brauchen, ist eine Steinsammlung – ein Lösungssortiment.

Erfassen Sie Ihren typischen Tag. Wann sind Sie wo? Wann tun Sie was? In welcher Reihenfolge? Auf welche Weise?

Ändern Sie es. Etablieren Sie eine bessere Routine. Gewinnen Sie Antrieb mit ihrer Hilfe.

Die Fesselung an die Vergangenheit.

Zu einem neuen Start werden Sie erst dann fähig, wenn Sie sich von den Fesseln der Vergangenheit befreit haben. Viele dieser Fesseln sind unsichtbar, aber außerordentlich wirksam.

Die Vergangenheit hat Sie im Griff mit gewonnenen Einstellungen, Erfahrungen, Verknüpfungen und mit Vorurteilen.

Je mehr Sie über die Vergangenheit reden, umso weniger Zeit und Kraft haben Sie für die Gestaltung der Zukunft. Sie sind zwar in der Gegenwart tätig, aber Sie können nicht in die Zukunft hinein. Ihre Vergangenheit übt einen lähmenden Einfluss auf Sie aus.

Es beginnt mit Ihrer Erfahrung. Sie hilft Ihnen dabei, bei Auftreten einer Situation oder Herausforderung vertraute Muster zu erkennen und die Basis für Analogieschlüsse zu gewinnen.

Sie liefert Ihnen den Rohstoff für die Entwicklung von Prinzipien, also Lösungsformeln, die es Ihnen erleichtern, Entscheidungen zu treffen und Strategien zu erarbeiten.

Wir haben es noch nicht nötig !

Alles läuft gerade noch so, dass es nicht zwingend notwendig erscheint, etwas grundlegend verändern zu müssen.

Alles, was an Zeit zur Verfügung steht, wird jedoch gebraucht, um es am Laufen zu halten.

Erkenntnis:

Der gerade noch ausreichende Erfolg ist häufig die Vorstufe des zukünftigen Misserfolges.

Gehen Sie mit Ihrer Erfahrung professionell um.

Belassen Sie Ihre Erfahrung nicht als eine ungeordnete Anhäufung zu wenig durchdachter Erlebnisse.

Werten Sie Ihre Aufzeichnungen aus. Bringen Sie Ordnung in Ihre Erfahrung hinein. Ziehen Sie Schlussfolgerungen und legen Sie auf der Basis Ihrer Erfahrung Maximen für Ihr zukünftiges Handeln fest.

Werden Sie frei, indem Sie Ihre einzelnen Erfahrungen völlig vorurteilslos bewerten. Welche sind noch gültig, welche nicht mehr?

Häufig ist es weniger negativ, dass Menschen Erfahrungen fehlen. Viel negativer wirkt es sich aus, wenn sie Erfahrungen besitzen, die längst nicht mehr stimmen.

Erfahrungen erinnern Sie an das, was einmal passierte. Daraus leiten Sie dann ab, dass es immer wieder passieren könnte.

Ihre Arglosigkeit ist dahin. Die Erfahrung hat Sie mit vielen Antennen versorgt. Über diese empfangen Sie ständig ein warnendes Geschrei.

Prüfen Sie nicht nur, welche Erfahrung inzwischen bedeutungslos geworden ist. Prüfen Sie auch, welche Erfahrung zwar immer noch stimmt, aber für das, was Sie vorhaben, völlig irrelevant ist.

Studieren Sie Ihre Vergangenheit, die Geschichte Ihres eigenen Lebens. Welche Schlüsselentscheidungen haben Sie wann getroffen? Wo und wann haben Sie einen richtigen Weg eingeschlagen? Wo und wann einen falschen?

Risikobereit

Bereit,

etwas auch dann
zu unternehmen,
wenn vorher
keine absolute Erfolgsgarantie
zu erhalten ist.

Gewillt,

es auf sich zu nehmen,
mit jeder Lage,
die daraus entstehen könnte,
fertig zu werden.

Was waren Ihre besten Entscheidungen?

Was waren Ihre schlechtesten Entscheidungen? Wie war Ihr Realisierungstempo in Ihren einzelnen Lebensepochen? Wie produktiv waren Sie also in welchen Zeitabschnitten? Wie erfolgreich waren Sie wann? Was waren die Gründe dafür?

In der Vergangenheit haben Sie Erfolge erzielt und Niederlagen erlitten. Beides hat Sie geprägt. Die Erfolge haben Sie dazu verführt, auf den Erfolgsterritorien weiter tätig zu bleiben. Die Niederlagen brachten Sie dazu, die Gebiete, auf denen Sie diese erlitten, nicht mehr zu betreten.

Ihre Vergangenheit hat eine große Aufgabe. Sie hat Ihren Weg in die Zukunft zu fördern und nicht zu behindern.

Die Emotionalität, die Sie mit dem verbindet, was Sie in der Vergangenheit getan, geleistet und erreicht haben, kann Ihre Zukunft gefährden.

Jedes Ressentiment fesselt Sie an die Vergangenheit und nimmt Ihnen die Unbefangenheit für die Zukunft.

Entdecken Sie Schätze in der Vergangenheit, die Sie für die Zukunft aktivieren sollten. Befreien Sie sich von allen Elementen, die Ihre Zukunft belasten.

Kommen Sie mit der Vergangenheit ins Reine.

Befreien Sie sich von der Last des Geleisteten, aber nehmen Sie das Saatgut mit.

Ziehen Sie sich aus der Vergangenheit zurück nach dem Prinzip eines geordneten Rückzuges. Was müssen Sie loslassen? Was muss erhalten bleiben? Was müssen Sie als Brückenkopf betrachten und ausbauen?

Teilen Sie Ihr Leben ein in Epochen.

Machen Sie sich für die kommende Epoche wieder jung. Erfassen Sie Ihre Überzeugungen, bestimmen Sie Ihren Wertekatalog, Ihre Ziele, Ihre Lebensweise und den Umgang mit Ihren Ressourcen.

Gehen Sie in die neue Epoche hinein mit einer entschlossenen Änderung Ihrer Gesprächsinhalte. Bringen Sie keine Geschichten mehr aus der Frühzeit der Menschheit. Bringen Sie Themen für die Zukunft.

Zu jung – zu alt.

Manche halten sich für zu jung, um eine bestimmte Aufgabe übernehmen zu können. Sie sind begabt, motiviert, kraftvoll und enthusiastisch, aber Sie lähmen sich mit der Vorstellung, sie hätten zu wenig Erfahrung.

An dieser Art von Selbstbehinderung haben die großen Geister vergangener Jahrhunderte nicht gelitten. Die Schätze, mit denen sie die Welt bereicherten, schufen sie bereits in jungen Jahren.

Jedem Jüngeren muss man sagen: „Tun Sie es jetzt. Reden Sie sich nicht ein, Sie müssten noch warten, bis Sie ein bestimmtes Alter erreicht und mehr Erfahrung gewonnen hätten!"

Erfahrung ist wohlfeil. Holen Sie sich die Erfahrung bei denen, die sie besitzen. Sie machen ihnen eine Freude damit. Deshalb erhalten Sie nicht nur die gewünschte Erfahrung, sondern darüber hinaus auch Wohlwollen und Hilfe!

Viele ältere Menschen suggerieren sich täglich, dass sie nun ein bestimmtes Alter erreicht hätten und damit natürlich nicht mehr so leistungsfähig wären wie früher. Damit hätten sie natürlich auch weniger Chancen.

Sie betrachten ihr Alter als Handicap. Sie denken über das nach, was ihnen durch ihr Alter fehlt, und nicht über das, was sie immer noch und vielleicht sogar vermehrt besitzen.

Sie sind weniger vertraut mit den neuesten Werkzeugen. Es fehlen ihnen bestimmte Fertigkeiten. Sie kennen die Transportmittel der neuen Informationstechnologie vielleicht weniger als die Jüngeren.

Aber sie verfügen über das, was einen Transport überhaupt sinnvoll macht, nämlich Inhalte. Sie sind „content provider".

Jüngere können kräftemäßig aus dem Vollen schöpfen. Ältere müssen mit ihren Kräften haushalten. Das zwingt sie dazu, sich zu konzentrieren, das Relevante zu tun und das Unnötige zu unterlassen.

Was sollte den Älteren daran hindern, entschlossen, mutig und enthusiastisch zu handeln? Hinsichtlich des Alters eines Menschen gibt es nur einen empfehlenswerten Kommentar: „Mich interessiert nicht mein Alter und das, was ich hinter mir habe. Mich interessiert und fasziniert ausschließlich das, was ich vor mir habe.“

Die Unkenntnis der eigenen Lage.

Ohne die Erfassung Ihrer Lage fehlt Ihnen das Fundament für das Bauwerk Ihres Erfolges. Nehmen Sie Ihre Lage endlich besser wahr. Nichts wird leichter übersehen als das offen Sichtliche. Nichts wird schlechter verstanden, als das selbst Verständliche.

Viele scheuen sich davor, ihre Lage zu erfassen. Sie sehen lieber weg. Manches möchten sie überhaupt nicht an sich heranlassen. Was sie sehen sollten, halten sie getarnt. Sie leben mit einem verzerrten Bild ihrer Situation.

Erfassen Sie die Größenordnung des Positiven und des Negativen. Versuchen Sie, die Elemente Ihrer Lage in Zahlen zu fassen. Überlassen Sie es nicht mehr der Emotion, die existierende Wirklichkeit zu retuschieren.

Nur wenn Sie Ihre Lage kennen, wissen Sie über Ihre Machtmittel Bescheid.

Sie können Ihre Kräfte richtig formieren, sich klug positionieren und Gewinn bringende Ziele formulieren.

Welchen Zwängen, Verpflichtungen und Abhängigkeiten sind Sie zurzeit noch unterworfen? Woraus setzt sich Ihr Belastungsmosaik zusammen? Wo sind Sie gelähmt? Wo kommen Sie zügig voran?

Was tun Sie zurzeit auf eine bewundernswerte Weise völlig richtig? Was tun Sie zurzeit auf eine unbegreifliche Weise völlig falsch?

Über welche ungenutzten Werte verfügen Sie? Was haben Sie bereits angebahnt, aber nicht kraftvoll weiterverfolgt? Welche Chancen warten voller Geduld immer noch darauf, von Ihnen endlich in den Arm genommen zu werden?

Was ist aus Ihnen geworden? Was hat Ihr Beruf aus Ihnen gemacht? Jeder Beruf prägt die dazugehörigen Menschen auf eine spezifische Weise. Er formt sie und verformt sie. Es gibt die BERUFLICHE DEFORMATION.

Was hat Ihnen Ihr Beruf gegeben und was hat er Ihnen genommen? Wozu hat er Sie befähigt und wofür hat er Sie unfähig gemacht? Erkennen Sie es. Üben Sie Ihren Beruf aus, um zu gewinnen, und verhindern Sie, dass Sie sein Opfer werden.

Die Lage ... nichts als die Lage !

**Lernen Sie es,
Situationen und Ereignisse
zu analysieren,**

**ohne die Erfassung der Lage
mit der gleichzeitigen Lieferung
von Kommentaren
und Werturteilen
zu stören und zu erschweren.**

**Konzentrieren Sie sich
auf diese beiden Fragen:**

Was ist? Was ist wirklich?

Unklare Positionierung.

Die Bestimmung der für Sie richtigen Positionierung gehört zu den Schlüsselaufgaben Ihres Lebens. Da sich die Verhältnisse ändern, müssen Sie sich die Frage nach Ihrer Positionierung immer wieder neu stellen.

Jeder Mensch ist außergewöhnlich und damit unvergleichbar. Was ist das Besondere an Ihnen? Welche spezielle Begabung haben Sie? Was betrachten Sie als Ihre Stärken und Schwächen?

Was erfreut und begeistert Sie und bringt Sie in Bewegung? Was lässt Sie unbewegt? Was sehen Sie als den Hauptzweck Ihres Lebens an? Was ist Ihre persönliche Mission?

Jeder von uns ist damit beschäftigt, eine Aufgabe nach der anderen zu erledigen. Hierfür hat er nach der jeweils richtigen Vorgehensweise zu suchen. Die Frage, die sich also immer stellt, lautet: „WIE?"

Viel zu wenig Zeit bleibt uns, eine weit wichtigere Frage zu stellen: „WAS?"

WAS sollten Sie tun, worauf sollten Sie sich konzentrieren, wofür sollten Sie da sein?

Belohnt wird die Güte Ihrer Leistung beim Richtigen und nicht die Göttlichkeit Ihrer Leistung beim Falschen.

Hören Sie auf, das Falsche zu tun, auch wenn Sie es noch so meisterhaft können. Tun Sie lieber das Richtige gut, als das Falsche geradezu genial.

Vielleicht kommen Sie auf der falschen Strecke schneller und bequemer voran. Vielleicht ist es auf der falschen Strecke auch lustiger und auf der richtigen in jeder Hinsicht mühsamer. Nur, wenn Sie auf der richtigen Strecke Ihr Ziel erreicht haben, stehen Sie in einem freien Land und nicht vor einem Abgrund.

Fehlende Ziele – falsche Ziele.

Wenn Sie sich ein Ziel setzen, dann definieren Sie damit die Bedingungen, die Sie erreichen möchten. Ein Ziel ist immer Mittel zum Zweck. Es ist eine Ursache vom Ende her und muss verlockend und stark genug sein, um Sie in Ihrer Gegenwart mit Antriebskraft zu versorgen.

Um das richtige Ziel zu definieren, helfen Ihnen diese Fragen: „Wovon wollen Sie sich befreien? Welche Lage wollen Sie für sich schaffen? Was wollen Sie im Einzelnen gewinnen?“

Auch für Ziele haben Sie in Ihrem Leben nur ein bestimmtes Kontingent zur Verfügung. Wählen Sie

Ziele, für deren Erreichbarkeit Sie über die Voraussetzungen und Kräfte verfügen.

Passen Sie Ihre Ziele den verfügbaren Mitteln an.

Denken Sie daran, dass auf Ihrem Weg zum Ziel Unvorhergesehenes über Sie hereinbrechen wird. Sie brauchen also mehr als die finanziellen und zeitlichen Mittel, die bei einem unbehinderten Vorankommen ausreichen würden.

Wählen Sie Ziele, die vereinbar sind mit anderen für Sie lebenswichtigen Zielen. Wählen Sie nicht nur ein Ziel, um der Mühe zu entgehen, die nötig ist, das bereits bestehende Ziel zu erreichen.

Wählen Sie nicht immer nur Ziele abgeleitet aus vergangenen Erfolgen. Weit gekommen bedeutet noch nicht, dass Sie auf dem gleichen Weg auch weitergehen müssen. Vielleicht haben sich die Bedingungen geändert und Sie benötigen Ziele, die thematisch weit von den bisherigen entfernt liegen.

Fragen Sie sich, ob Sie das Ziel nötig haben oder ob Sie es nur deshalb auswählen, um Wettbewerbern zu demonstrieren, was Sie im Vergleich zu ihnen zu schaffen imstande sind.

Gehen Sie nicht mit einem Ziel auf eine höhere Ebene, auf der es Ihnen dann schlechter geht als auf der Ebene darunter. Spielen Sie nicht in der höchsten

**Warten Sie nicht,
bis ein anderer
das Ihnen Zugesagte
von sich aus erledigt**

**Versprochen
ist noch nicht gehalten.**

**Helfen Sie beim Halten.
Bleiben Sie dran.**

**Für den anderen
muss es leichter werden,
das Ihnen Zugesagte
zu erledigen,
als Ihre permanente
Erinnerungspräsenz
ertragen zu müssen.**

Liga das Aschenputtel, statt in der für Sie richtigen Liga das Schneewittchen.

Schließen Sie ein Ziel aus, das Sie materiell gewinnen lässt, aber effektiv zum Sklaven macht. Das ist ein Ziel, das Ihre gesamte Realisierungskapazität beansprucht, bei dem Sie vielleicht viel gewinnen, aber Ihre Freiheit völlig opfern.

Das Ziel muss erreichbar sein, es muss sich lohnen und Sie müssen in der Lage sein oder bleiben, die Früchte des erreichten Zieles genießen zu können. Es darf also nicht heißen: „Endlich bin ich angekommen. Jetzt gibt es mich nicht mehr!“

Henry Kissinger hat es so ausgedrückt: „Zum Tragischen im Leben gehört es, wenn man Jahre mit größter Willenskraft auf ein Ziel hingearbeitet hat, es erreicht hat, um dann festzustellen, dass es all das nicht wert war.“

Gelähmt durch andere: Es gibt ein Wesen der Dunkelheit. Das lebt von Gift und Galle. Sein Name ist Lähmer.

Der Lähmer wird nur dann aktiv, wenn es gilt, Aktivität zu verhindern. Sie sehen ihn an. Er sieht Sie an und anschließend sagen Sie geradezu zwanghaft: „Na gut, es war nur eine Idee, wir lassen es natürlich sein!“

Forderungs-perfektionist

Liefern Sie mir ideale Verhältnisse und ich fange sofort mit der Arbeit an!

Leistungs-perfektionist

Übergeben Sie mir die Arbeit, und ich liefere Ihnen ideale Verhältnisse.

Der Lähmer braucht nur wenige Sätze und der Begeisterte hat alles an Antrieb, Enthusiasmus und Erfolgsgewissheit verloren.

Halten Sie sich von lähmenden Menschen fern.

Sie sind Helfer ohne Wert. Sie wissen alles und begreifen nichts. Sie verhindern alles und bieten nichts. Sie stehlen den Menschen das Mark aus den Knochen.

Das Einzige, was sie liefern, sind Zweifel, Befürchtungen und Degradierungen. Je mehr Sie mit diesen Menschen reden, umso weiter entfernen Sie sich von der Tat.

Ein lähmendes Wesen besonderer Art ist der so genannte APPARAT. Von Hause aus ist er dafür da, Ihnen dabei zu helfen, Leistungen zu erbringen.

Von dieser Aufgabe haben sich viele Apparate bereits vor langer Zeit befreit. Sie leben für sich selbst. Statt Elan und Enthusiasmus zu fördern, vernichten sie beide.

Der Apparat frisst die Ressourcen, die gebraucht werden, um Taten zu vollbringen. Er ist sein eigener Kriegsschauplatz. Die Galle kämpft gegen den Magen.

Der Apparat sollte als Pferd arbeiten, geriert sich aber als Reiter. Er sollte einen zum Erfolg tragen, muss aber selbst geschleppt werden. Er sollte die

Klingt gut.
Lähmt total.

Entweder
wir lösen damit
alle unseren jetzigen
und zukünftigen Probleme
auf einmal und für immer
oder wir lassen es sein.

Bei mir gibt es
keine
halben Sachen.

Werkzeuge liefern, um Mauern zu durchbrechen, stattdessen liefert er die Mauern.

Er sieht es als seine Aufgabe an, andere im Zaum zu halten. Die Gewährung von Handlungsfreiheit erscheint dem Apparat lebensbedrohend.

Mobilisieren Sie Ihre eigenen Machtmittel, ohne ständig darüber zu klagen, dass der Apparat Ihnen nicht die Unterstützung liefert, die Sie für angemessen halten.

Übertriebenes Streben nach Perfektion.

Einige fordern eine Perfektion, die mit menschlichen Mitteln in diesem Leben nicht zu erbringen ist.

Es ist ein Unterschied, ob Sie für eine bestimmte Leistung ein „Null-Fehler-Programm“ zu schaffen haben oder immer und überall die absolute Perfektion erreichen möchten. Die Forderung nach Perfektion läuft auf den meisten Gebieten dem wirtschaftlichen Handeln zuwider.

Alles, was sich mit dem Wort Perfektion verbindet, klingt positiv und bemüht. Was lässt sich auch gegen die Forderung nach dem absolut Besten sagen?

Sehr vieles! Das Beste ist das am besten geeignete für den angestrebten Zweck und auf der Basis der verfügbaren Mittel. Das Beste ist nicht das Beste an sich.

Machen Sie das Hindernis nicht größer als es ist !

Hören Sie auf, das Matterhorn zu malen, wenn Sie vor einem Maulwurfshügel stehen.

Wir sehen es bei vielen modernen Produkten. Was sie bieten, ist überwältigend. Was Sie damit machen können, fast unendlich.

Hundert Anwendungsgebiete existieren. Neunzig Prozent der Anwender nutzen davon nur drei. Auch eine Art von Perfektion!

Die beste Lösung ist nicht die Lösung, die alles bietet, sondern die das bietet, was benötigt wird. Es geht nicht darum, dass etwas perfekt ist, sondern dass es passt.

Das Streben nach Perfektion hindert mehr, als es fördert. Der Großteil dessen, was auf der Welt nicht geschaffen wurde, unterblieb, weil die Forderung nach Perfektion nicht zu erfüllen war und Menschen darüber hinaus den Mut nahm, das Mögliche zu tun.

Die Forderung nach Perfektion hasst die kleinen Schritte auf dem Wege zur Vervollkommnung. Sie will alles oder nichts. Sie will mit einem Sprung das Endgültige. Aber im Leben gibt es nichts Endgültiges.

Toleranz ist der Perfektion fremd.

Der Preis für das Streben nach Perfektion ist die permanente Unzufriedenheit. Perfektionismus begründet die Unfähigkeit, sich zu freuen und andere zu erfreuen.

Prüfen Sie den wahren Beweggrund der Menschen, die dauernd angeben, etwas absolut perfekt machen

Sehfehler

Was aussieht

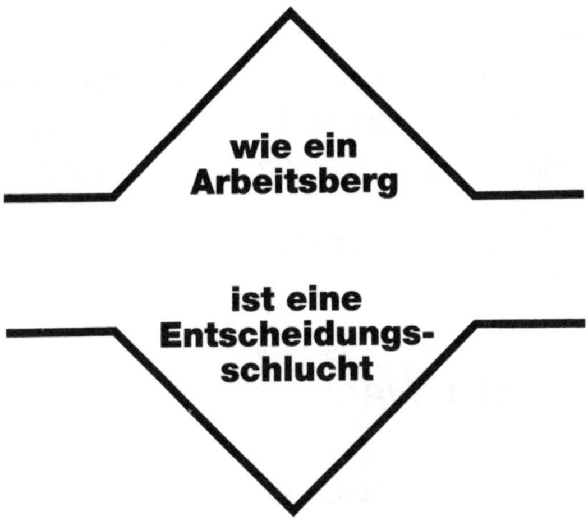

Einen Berg bezwingen Sie mit Anstrengung und Ausdauer. Eine Schlucht überwinden Sie mit Mut und Entschlossenheit.

zu wollen, anstatt sich darauf zu konzentrieren, eine Aufgabe gut und zufriedenstellend zu lösen.

Ist es bei ihnen wirklich diese Perfektionsbesessenheit oder nicht viel mehr das ängstliche Streben, jede negative Beurteilung durch andere unmöglich zu machen?

Solange sie auf dem Weg zum proklamierten Perfekten sind, sind sie nicht kritisierbar, und fertig werden sie nie.

Fast immer wird Perfektion nur hinsichtlich der inhaltlichen Leistung gesehen. Zu wenig wird berücksichtigt, dass die Größe einer Leistung besonders auch darin besteht, frühzeitig verfügbar zu sein. Aus gutem Grund heißt es deshalb: „Wer schnell gibt, gibt doppelt."

Die Qual der Wahl.

Viele Möglichkeiten bieten sich Ihnen an. Sie können dieses oder jenes tun. Je größer das Sortiment Ihrer Möglichkeiten ist, umso schwerer fällt es Ihnen, sich für eine zu entscheiden.

Kaum haben Sie eine Präferenz und sich einer bestimmten Möglichkeit genähert, werden Sie wach für ihre Nachteile und erinnern sich an die Vorteile einer anderen Möglichkeit.

Lassen Sie sich nicht durch die Vielzahl dessen, was Sie tun könnten, verwirren und lähmen. Was Sie auch

Beenden Sie den Zustand der Ungewissheit!

Beschaffen Sie sich fehlende Informationen sofort.

Weigern Sie sich, Vermutungen zu diskutieren.

Verschwenden Sie dafür keine Zeit!

auswählen, es wird immer etwas anderes existieren, was auf einem bestimmten Gebiet vorteilhafter ist.

Es zählt nur, dass Sie sich überhaupt entscheiden und nicht über Jahre hinweg vergleichend und bewertend zwischen den verschiedenen Möglichkeiten hin- und herreisen.

Was nutzt Ihnen das gewonnene Wissen um die Vorteile und Nachteile einzelner Lösungen, wenn Sie unfähig sind, überhaupt eine auszuwählen.

Stellen Sie Ihre Bewertungskriterien zusammen. Wählen Sie die Lösung aus, die bei den für Sie relevanten Kriterien am meisten zu bieten hat. Gehen Sie an die vergleichende Beurteilung heran mit Fragen dieser Art:

Passt diese Lösung zu mir?
Wie schnell kann ich sie realisieren?
Was kostet mich das?
Nutzt und fördert sie das, was bereits existiert?
Bringt sie mich näher an mein Hauptziel?
Was liefert sie mir an Potenzial?
Wie flexibel bleibe ich?
Was bringt sie mir finanziell?
Was bringt sie mir zeitlich?
Was liefert sie mir an Stabilität, Sicherheit und Freiheit?

Ein Bild sagt mehr als 1000 Worte. Am meisten aber sagt die Zahl.

Keine Diskussion der Lage ohne die sofortige Frage nach der relevanten Zahl!

Herr W. bringt in 30 Minuten 1800 Wörter – und keine Entscheidung ist möglich.

Ich bringe in 30 Sekunden 3 Zahlen – und eine Entscheidung ist sofort möglich.

Die Größe der Aufgabe.

Lassen Sie sich von der Größe der Aufgabe nicht einschüchtern, abschrecken und lähmen. Betrachten Sie die Aufgabe nicht als eine hohe Mauer, die vor Ihnen steht.

Keine zehn Meter hohe Mauer können und müssen Sie mit einem Sprung überwinden. Verwandeln Sie die Mauer in eine Treppe. Auf eine Gesamtaufgabe können Sie sich nicht konzentrieren, auf die einzelnen Abschnitte einer Aufgabe sehr wohl. Entwickeln Sie also einen Stufenplan.

Er liefert Ihnen die Anordnung der Einzelmaßnahmen zu einer Gesamtoperation. Für jede Stufe liefert er Ihnen das Stufenziel und die Maßnahmen, um es zu erreichen.

Konzentrieren Sie sich jeweils auf eine Stufe. Gehen Sie von Stufenziel zu Stufenziel. Kommen Sie Schritt für Schritt voran. Bequem und beharrlich!

Fehlende Informationen.

Es ist völlig unbegreiflich, wie intelligente Leute es aushalten können, Sachverhalte zu bewerten und zu beurteilen, ohne das Bedürfnis zu haben, sich die nötigen Informationen über diese Sachverhalte zu beschaffen.

Sie reden über etwas, wovon sie keine Ahnung haben und auch nicht die Absicht, sich diese Ahnung

Gedankliche Klarheit

Bitten Sie
Ihre Gesprächspartner
konkret und speziell
zu werden.

Was meinen Sie
damit bitte
im Einzelnen ?

zu verschaffen. Sie „meinen". Es fehlt ihnen jeder Antrieb, „meinen" durch „wissen" zu ersetzen.

Sie besitzen nicht das geringste Dringlichkeitsempfinden für die Beschaffung der notwendigen Informationen. Selbst wenn diese mit Leichtigkeit zu erlangen sind, verzichten sie darauf.

Was mag der Grund sein? Vielleicht bietet ihnen dieses Verhalten die Chance, in alle Ewigkeit über ein Thema reden zu können, ohne gefährlich in die Nähe einer Entscheidung und einer folgenden Tat zu geraten.

Fragen Sie sich, bevor Sie anfangen, über ein Thema zu sprechen: „Welche Informationen brauchen wir dafür? Wie können wir diese schnell und bequem beschaffen?"

Greifen Sie zum Hörer. Holen Sie sich die Informationen. Erst dann können Sie sich dem Thema so widmen, dass Sie die Chance haben, zu einem Ergebnis zu kommen.

Der ungeeignete Sprachschatz.

Sie benötigen geistige und sprachliche Disziplin, um richtig und schnell handeln zu können. Sie brauchen gedankliche Klarheit. Diese gewinnen Sie mit sprachlicher Kreativität und Präzision.

Wörter sind die Schlüssel des Geistes. Haben Sie die falschen Wörter, dann haben Sie die falschen Schlüssel. Mit diesen stehen Sie jahrelang vor bestimmten

Türen, ohne jemals in die Räume zu gelangen, in denen die Schätze gelagert sind, an die Sie heranwollen.

Die richtigen Wörter öffnen die Türen und machen Mut. Wählen Sie also Wörter, die passen und die Sie bewegen, und nicht solche, die unpassend, beliebig, kraftlos und wenig begeisternd sind.

Fragen Sie sich für jedes Vorhaben, wie Sie es benennen sollten. Geben Sie jeder Idee, die bei Ihnen geboren wird, einen treffenden und begeisternden Namen.

Wenden Sie dafür die gleiche Mühe auf wie bei der Namensauswahl für ein neugeborenes Kind. Auch hier haben Sie die Absicht, dem Kind eine Bezeichnung zu geben, die sich als hilfreich für seinen Lebensweg erweist.

Erfassen Sie das ureigenste Wesen dessen, worüber Sie reden.

Was ist es genau? Haben Sie es bisher richtig benannt oder unzutreffend und irreführend?

Jahrelang werden Tatbestände, Probleme, Chancen und Vorhaben mit einem unpassenden Begriff bezeichnet. Mit dieser Bezeichnung ist weder etwas zu begreifen noch zu durchdenken, geschweige denn zu ergreifen.

Nehmen Sie als Beispiel den Begriff „Arbeitsplätze“. Fordert der Großteil der Menschen wirklich

„Arbeitsplätze"? Oder wären viele nicht bereits mit einem „Einkommensplatz" zufrieden, ohne sich darüber zu grämen, dass er nicht mit Arbeit verknüpft ist.

Nehmen Sie den Begriff „Mittelstand". Viel Leuchtkraft und Anlockung zur Anbetung liefert dieser Begriff nicht.

Darüber hinaus ist es schon relativ kühn, die Gruppe von Menschen, die ihrer Dynamik und Tatkraft nach die „Höchst-bewegten" sind, als „Mittelstand" zu bezeichnen.

Wenn die Deklaration nicht stimmt, wird das Deklarierte nie gefördert werden, seinen Weg machen und am richtigen Ort ankommen.

Trainieren Sie sich für das Finden der passenden Wörter. Fragen Sie sich bei dem, was Sie hören und lesen: „Stimmt die Benennung, ist die Deklarierung korrekt? Trifft das gewählte Wort wirklich das, um was es geht?"

Bringt es uns in Bewegung?

Begeistert es uns für die Tat?

Kapitel 9
Kraftvoll starten und entschlossen zum Ziel

Anfahren ...
beschleunigen

Das Starten
kostet Sie mehr Kraft
als später
das Beschleunigen.

Starten Sie schneller.

Dann haben Sie
das Schwerste
hinter sich,
und es wird für Sie
ständig leichter.

Die Entscheidung ist gefallen. Der Entschluss ist gefasst. Die Zeit der Spielereien ist zu Ende. Vom Schonraum geht es jetzt in die Arena. Der Wettkampf hat begonnen.

Starten Sie kraftvoll, kommen Sie auf Touren, beschleunigen Sie, erhalten Sie das Momentum und gehen Sie zügig voran auf dem Weg zum Ziel.

Den größten Kraftaufwand erfordert der Start.

Nichts macht so viel Mühe, wie in Bewegung zu kommen. Das ist ein physikalisches Gesetz. Sind Sie erst einmal in Bewegung, dann wird es für Sie immer leichter, schneller zu werden. Es kostet Sie weit weniger Kraft zu beschleunigen, als erst einmal in Bewegung zu kommen.

Werden Sie fähig, aus dem Stand heraus zu starten. Erfassen Sie die Beharrungskräfte, die es Ihnen erschweren, in Bewegung zu kommen.

Verhindern Sie, dass Sie durch den Prozess der Entscheidungsbildung und die Vorbereitung auf den Start so erschöpft sind, dass Sie für den Start selbst keine Kraft mehr haben.

Je mehr Kraft Sie aufwenden müssen, um den Start vorzubereiten, umso weniger Kraft bleibt Ihnen für den Start selbst.

**Weniger Anlauf.
Schneller starten!**

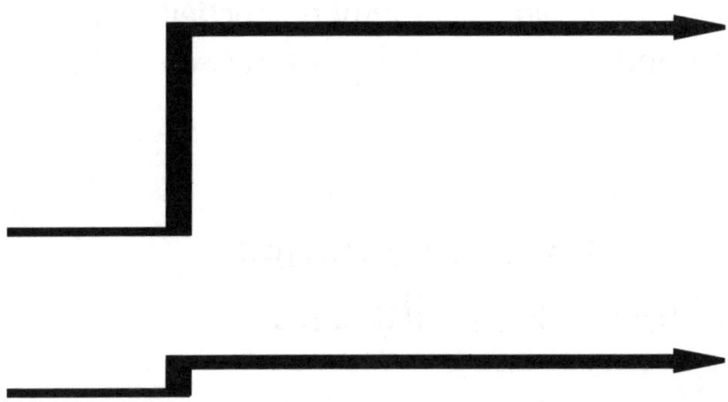

Senken Sie die Barriere vor dem Start.

Fragen Sie sich im Hinblick auf Ihre Startgeschwindigkeit, zu welcher Truppe Sie gehören, zur Kavallerie oder zu den Radfahrern.

Bevor die Kavallerie aufsitzen kann, kostet es eine Stunde. Die Pferde müssen gefüttert, getränkt und gesattelt werden.

Bei den Radfahrern sieht es günstiger aus. Sie brauchen nur eine Sekunde. Sie heben ein Bein und schon sind sie im Sattel. Ab geht die Fahrt.

Organisieren Sie sich so, dass Sie immer weniger tun müssen, bevor Sie starten können. Es muss Ihnen gelingen, weniger wegräumen, suchen, beschaffen, ordnen und zusammenstellen zu müssen.

Bringen Sie mehr Klarheit und Übersicht in Ihr Leben.

Wenn um Sie herum zu viel Chaos ist, zu viel Konfusion und vor Ihnen nur Gestrüpp und Dschungel, dann fehlt Ihnen die Lust, die Machete zu ergreifen und sich auf den Weg zu machen.

Fangen Sie nicht bei jedem neuen Projekt immer wieder bei Null an. Halten Sie frühere Lösungsmuster und Lösungswege greifbar. Machen Sie das früher Geleistete in geeigneter Form verfügbar für die Erleichterung und Beschleunigung des zukünftigen Starts.

Massive Kräfte gleich zu Beginn

Lassen Sie es nicht gemächlich angehen.

Kraft „100“: **Misserfolg.**

Kraft „300“: **Sofortiger Erfolg.**

Notwendige Kraft
beim 2. Anlauf: „500“
mit steigender Tendenz
von Versuch zu Versuch.

Beginnen Sie mit Paukenschlägen
und nicht mit einem Harfensolo.

Verbessern Sie die Startposition, aus der Sie heraus auf die Strecke gehen wollen – nicht aus der vierten Reihe, sondern aus der Poleposition.

Bereiten Sie sich auf den Start besser vor. Zwanzig Minuten, die Sie zusätzlich für die Vorbereitung einsetzen, liefern Ihnen später vielleicht eine Stunde Zeitgewinn bei der Ausführung. Häufig entscheidet die Güte der Vorbereitung darüber, ob Sie überhaupt starten und ein Ergebnis erzielen können.

Versetzen Sie sich in eine positive Stimmung.

Stellen Sie sich selbst gegenüber die Größe der anstehenden Arbeit nicht gewaltiger dar, als sie es ist.

Werden Sie schneller.

Erhöhen Sie Ihr Schnelligkeitskönnen. Etablieren Sie hierfür ein Schnelligkeitsprogramm.

Messen Sie Ihre Schnelligkeit bei einzelnen Tätigkeiten. Ermitteln Sie Schnelligkeitskennzahlen. Sie gelten nicht nur für die Schnelligkeit, mit der Sie etwas voranbringen, sondern auch die Schnelligkeit, mit der Sie anderen Leistungen liefern.

Der Sinn für Dringlichkeit

Der 6. Sinn des Realisierers.

Entwickeln Sie ihn 3 x täglich!

Sie brauchen Informationen über Ihre Schnelligkeit. Sie müssen Ihren Partnern Fragen dieser Art beantworten können: „Was kostet es bei Ihnen zeitlich? Wie schnell bekomme ich es?“

Fragen Sie sich bei jeder Arbeit:

Wie ginge es schneller?
Was kann ich selbst dafür tun?
Wer kann mir dabei helfen?
Welche Schritte sind unnötig?
Welche Umwege kann ich vermeiden?
Worauf kann ich verzichten?

Verzichten Sie auf alles Unnötige.

Werden Sie zum Knappheitsexperten. Hospitieren Sie bei einer Cutterin in Babelsberg oder Hollywood und lernen Sie, mit wie wenig sich wie viel erreichen lässt.

Lassen Sie sich von dem bekannten Satz leiten: „Eine Leistung ist nicht dann gut, wenn sich nichts mehr hinzufügen lässt, sondern erst dann, wenn sich nichts mehr wegstreichen lässt.“

Rechnen Sie bei wiederkehrenden Arbeiten den jeweiligen Zeitbedarf hoch auf mehrere Jahre, vielleicht sogar auf Ihre Lebenszeit. Damit werden Sie

Tor-Schluss

Der Kluge tut es
zu Beginn.
Der Tor versucht es
erst am Schluss.

Was Sie
mit Leichtigkeit
bewältigen können
zu Beginn,
wird zur Tortur,
wenn Sie es
auf den Schluss
verschieben.

Erkenntnisse gewinnen, die Ihnen dabei helfen, den Zeitbedarf für diese Arbeiten erheblich zu mindern.

Starten Sie mit aller Kraft und mit allen mobilisierbaren Kräften.

Setzen Sie nicht nur einen Bruchteil der gewinnbaren Kräfte ein. Holen Sie sich jede mögliche Unterstützung. Beschleunigen Sie Ihr Vorankommen durch den Einsatz zusätzlicher Mittel.

Kaufen Sie sich Geschwindigkeit mit Geld. Erkaufen Sie sich Starter, Zünder und Acceleratoren.

Lassen Sie sich bei der Realisierung helfen. Erweitern Sie die Liste Ihrer Helfer. Stellen Sie fest, für welche Tätigkeiten und in welchen Zeitabschnitten Sie Unterstützung benötigen.

Prüfen Sie, welchen Betrag Sie aufwenden müssten, um sich von Behinderungen zu befreien und schneller voranzukommen.

Machen Sie keine Seitenbewegungen.

Klammern Sie die Feinarbeit aus. Erledigen Sie diese später. Verzichten Sie auf alle Maßnahmen, die Sie verlangsamen oder zum Stehen bringen. Bleiben Sie kraftvoll in Bewegung hin auf das Ziel.

Konsequent nichts Unnötiges

- tun
- besprechen
- fragen
- verlangen
- mitteilen
- schreiben
- speichern
- einführen
- beibehalten

Schützen Sie sich vor Ablenkungen.

Behalten Sie nur das in Ihrem Blickfeld, was Sie für die gegenwärtige Arbeit brauchen.

Lassen Sie sich nicht von anderen bremsen.

Lassen Sie sich nicht verwirren. Gestatten Sie keine Verkomplizierung. Diskutieren Sie keine Minimalhindernisse. Blocken Sie irrelevante Zusatzforderungen ab, die dazu führen würden, dass Sie überhaupt nicht weiterkommen.

Verbessern Sie Ihre Arbeitstechnik.

Die richtige bringt Sie voran. Die falsche erhöht den Berg der unerledigten Arbeiten. Entlastung ist alles, was dem schnelleren Vorankommen dient. Sie haben noch zu viel Arbeit vor sich, um so weiter arbeiten zu können wie bisher.

Arbeiten Sie nach dem Prinzip der vorgeleisteten Arbeit

Fangen Sie früher an, als Sie es scheinbar nötig haben.

Verlassen Sie sich nicht auf Ihre zeitlichen Reserven.

Diese bleiben Ihnen nur dann, wenn Sie sie nicht brauchen. Andernfalls sind sie mit Sicherheit weg!

Erledigen Sie eine Arbeit nach der anderen.

Konzentrieren Sie sich völlig darauf. Tischen Sie sich nicht bereits am Montag alle Frühstücke, Mittagessen und Abendessen der ganzen Woche auf. Da vergeht Ihnen der gesamte Appetit.

Setzen Sie sich für jede Arbeit einen Erledigungstermin.

Legen Sie den Zeitpreis fest, den Sie gewillt sind, für das erstrebte Ergebnis zu zahlen. Erledigen Sie eine Arbeit nicht in der Zeit, über die Sie gerade verfügen, sondern in der Zeit, die für die Arbeit ausreichend ist.

Setzen Sie sich ein Zeitlimit. Streben Sie so schnell wie möglich das Ergebnis an. Lähmen Sie sich nicht mit dem Hinweis: „Dabei handelt es sich erst einmal um einen Versuch. Das ist erst die Vorstufe einer Rohfassung!“

Fangen Sie früher an.

Werden Sie die Last so schnell wie möglich los. Lassen Sie sich nicht deshalb Zeit, weil Sie auf

Lassen Sie es gut sein

Hören Sie auf zu verändern und hinzuzufügen.

Alles Zusätzliche hat Lieferzeiten. Es bringt das Ganze zum Stillstand.

eingeplante zeitliche Reserven vertrauen. Wenn Sie diese später brauchen, sind sie nicht mehr da.

Tun Sie mehr sofort.

Ihr Kopf wird frei und Sie sparen Zeit, denn Sie brauchen sich nicht erst aufzuschreiben, dass Sie es irgendwann tun wollen.

Bei manchen Menschen besteht die Hauptarbeit darin, sich zu notieren, was sie alles zu tun haben.

Erledigen Sie Unangenehmes schnell. Ihre Belastung wird sonst immer größer und Ihre Fähigkeit, hier etwas zu unternehmen, immer geringer.

Sprengen Sie Engpässe.

Verschaffen Sie sich eine Übersicht über die Engpässe. Sehen Sie Engpässe voraus. Lassen Sie diese erst gar nicht entstehen.

Fangen Sie früher an. Fahren Sie früher los. Hören Sie mit einer anderen Arbeit früher auf. Versuchen Sie nicht, vor einem wichtigen Ereignis noch schnell in letzter Minute etwas anderes zu erledigen, was Sie dann in Druck und außer Atem bringt.

Beginnen Sie mit der Erledigung wichtiger Arbeiten nicht erst in letzter Minute. Dann ist Ihre Gelassenheit

Ersatz-beschäftigungen

Die kreative Flucht vor der Arbeit

Unbewusstes Ziel:
So viel Zeit zu verschwenden, dass es sich heute nicht mehr lohnt, mit der wirklichen Arbeit zu beginnen.

Arbeit ist das, was heute erledigt werden muss. Alles andere ist Beschäftigung.

völlig weg. Sie werden nervös und unsicher. Manche werden dann geradezu hysterisch.

Gewinnen Sie eine andere Einstellung den Arbeiten gegenüber, die Sie am wenigsten mögen. Welche sind es? Mit welchen beschäftigen Sie sich nur äußerst ungern, meist nur unter Zwang und fast immer nur in letzter Minute?

Was missfällt Ihnen an diesen Arbeiten besonders? Wie können Sie diese Arbeiten organisieren, um sie weniger widerwärtig zu finden und deshalb auch schneller an sie heranzugehen?

Verzichten Sie auf Ersatzbeschäftigungen.

Sie dienen einem zerstörerischen Ziel: Mit ihrer Hilfe versucht man genauso viel Zeit zu verschwenden, dass der Zeitrest nicht mehr ausreicht, um die anstehende wirkliche Arbeit heute noch beginnen oder erledigen zu können.

Ersatzbeschäftigungen dienen der kreativen Flucht vor der Arbeit. Schaffen Sie sich eine Übersicht über die Arten, über die Sie verfügen. Zeichnen Sie einen Straßenplan Ihrer typischen Fluchtwege und sperren Sie diese ab.

Widerstehen Sie der Sackgassen-Verlockung.

Halten Sie es mit Odysseus. Verschließen Sie sich dem Lockruf der Sirenen.

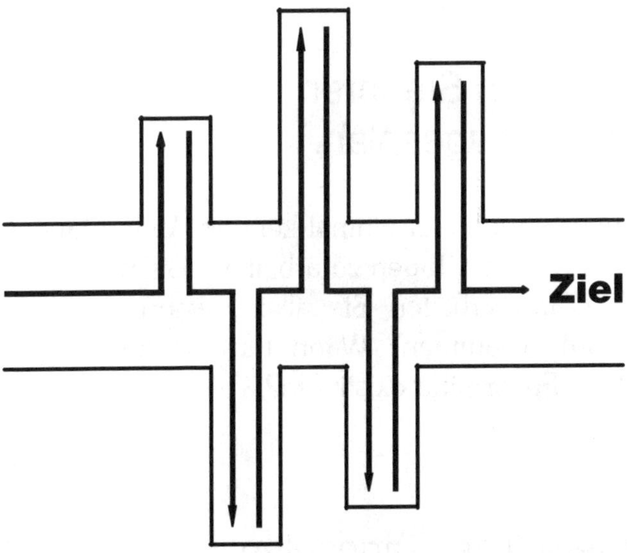

Timing.

Ermitteln Sie die günstigste Zeit für eine Arbeit und die beste Reihenfolge für eine Reihe von Arbeiten.

Studieren Sie Ihre persönliche Leistungskurve. Wann sind Sie besonders leistungsfähig, wann weniger?

Für welche Aufgaben brauchen Sie geistige Frische? Welche Arbeiten sollten Sie morgens erledigen, welche nachmittags oder abends? Wann sollten Sie sich mit anderen treffen und wann besser nicht?

Verändern Sie Ihren Standardtagesplan.

Lernen Sie ihn erst einmal kennen. Wann fangen Sie an, an welchen Tagen zu arbeiten? Bis wann arbeiten Sie? Wann arbeiten Sie allein, wann sind Sie mit anderen zusammen? Wann tun Sie am Tage was? Welche Fixtermine existieren?

Ihr jeweiliger Tagesplan.

Planen Sie für jeden Tag, was Sie erledigen wollen und welche Ergebnisse Sie anstreben. Bestimmen Sie also, was Sie an diesem Tag bis zum Abend geschafft

Wie muss diese Arbeit jetzt erledigt werden ...

**damit Sie zukünftig
überhaupt nicht mehr nötig ist –
sie ein anderer erledigen kann –
sie von Ihnen selbst schneller
und bequemer erledigt werden kann?**

**Zeit für die aktuelle Erledigung:
10 Minuten.**

**Zeit für die Erledigung
mit Zukunftswirkung:
10 Minuten + 30 Minuten.**

**Zukünftig gesparte Zeit pro Monat –
beispielsweise: 30 Minuten.
Pro Jahr: 360 Minuten.**

**Verzinsung der zusätzlich
eingesetzten Zeit: 1200 %.**

**Riesenrenditen gibt es nur noch
im zeitlichen Bereich.**

haben wollen. Legen Sie fest, wie viel Zeit Sie für die einzelnen Arbeiten einsetzen wollen, und ordnen Sie diese Arbeiten in einer zweckmäßigen Reihenfolge an.

Verstärken Sie Ihren Störschutz.

Mindern Sie rigoros die Zahl der Störungen und Unterbrechungen. Ordnen Sie Sprechzeiten zu. Sichern Sie sich Sperrstunden für das ungestörte Arbeiten.

Gehen Sie nach einer Reise nicht sofort in Ihr Büro. Studieren Sie erst die Ergebnisse und die Arbeiten, die darauf warten, jetzt erledigt zu werden.

Lassen Sie es dabei nicht zu einer Zufallsreihenfolge kommen durch den ungehinderten Aufmarsch aller Problem-Präsentatoren, die sich Ihnen hocherfreut mit der Begrüßung nähern: „Schön, dass Sie wieder da sind. Wir haben da ein Problem!“

Jedem Tag stellen sich zwei Aufgaben.

Die eine ist die Erledigung der Arbeiten dieses Tages. Die andere dient der Gewinnung von Lösungen, Verhaltensänderungen und Erleichterungen für die kommenden Tage.

Täglich:

Erledigen und erleichtern

1.

Die Arbeiten des jetzigen Tages erledigen.

2.

Die Arbeiten der kommenden Tage erleichtern.

Nehmen Sie jeden Tag die Mühe auf sich, etwas zu tun und einzuleiten, was die Mühe kommender Tage mindert.

Erledigen Sie jede Tagesarbeit so, dass Sie mit ihrer Erledigung gleichzeitig eine Erleichterung für die Zukunft erreichen.

Treffen Sie nicht nur Einzelentscheidungen, sondern gleichzeitig auch Grundsatzentscheidungen.

Fragen Sie sich, wie die jetzige Arbeit erledigt werden muss, damit sie zukünftig überhaupt nicht mehr anfällt, ein anderer sie übernehmen kann oder Sie selbst diese Arbeit schneller und bequemer als bisher erledigen können.

Das Tagesergebnis.

Machen Sie eine abendliche Erfolgsanalyse. Informieren Sie sich über Ihre Tagesleistungen.

Welche Stufen Ihres Stufenplanes haben Sie genommen? Wie weit sind Sie vorangekommen?

Welche Verbesserungsideen haben Sie gewonnen, welche Grundsatzentscheidungen gefällt?

Was werden Sie von morgen an schneller und einfacher erledigen können?

Kapitel 10

Gewinnen, entwickeln und bewahren

Als Erfolg zählt nur das Vollbrachte, das voll Erbrachte. Gezahlt wird erst am Ziel. Ohne Beendigung gibt es auch keinen Gewinn.

Viele schaffen es, sich zügig auf die Endphase einer Arbeit zuzubewegen. Doch dann, wenn sie sich dem Ende genähert haben, fehlt ihnen die Kraft zum Endspurt und der Mut zur Beendigung.

Jeder Anlauf, den Sie nicht weiterführen zum Ziel, wird so bewertet, als wäre er nicht erfolgt. Auch beim 100-Meter-Lauf sind 99 gelaufene Meter ihrem Wesen und ihrer Wirkung nach nichts anderes als Anlauf.

Wenn Sie etwas nicht zu Ende führen, dann ist es so, als hätten Sie es nicht begonnen. Alles, was Sie auf dem Wege zur Nichtbeendigung eingesetzt haben, gilt als verfallen.

Manchen fehlt die Definition dessen, was als erbrachte Leistung zu gelten hat. Sie betrachten bereits einen Teil ihrer Leistung so, als wäre er die Leistung an sich.

Dabei gilt, selbst eine bewundernswerte Teilleistung ist irrelevant, wenn die Leistung, auf die es ankommt, nicht folgt.

Besonders gilt das für den Verkauf. Der Beruf des Verkäufers ist ohne Mut und Entschlossenheit nicht auszuüben. Ohne diese beiden Eigenschaften könnte der Verkäufer nicht das werden, was für ihn entscheidend ist, nämlich abschlusssicher.

Viele Verkäufer sind abschlusssicher, manche sind es nicht und halten sich trotzdem für Profis. Sie können Kontakte herstellen, Interesse wecken, informieren und beraten. Sie tun das beeindruckend, aber damit erbringen sie noch nicht die Leistung, auf die es ankommt. Sie sind eben nicht abschlusssicher.

Ein Verkäufer dieser Art zu seinem Begleiter: „Sie haben sicher bemerkt, wie wohlwollend und liebenswürdig der Kunde sich mir gegenüber verhalten hat. Er kauft zwar nicht bei uns, aber ich habe einen hervorragenden persönlichen Kontakt zu ihm. Dieser Kontakt hat sich keineswegs von selbst ergeben. Dafür musste ich sehr viel tun!"

Beendigungsschwäche im fortgeschrittenen Stadium.

Von einem führenden Flugzeugkonstrukteur wurde berichtet, dass er geniale Vorschläge vorlegte, sie dann aber sofort zurückforderte, um an ihnen weiter arbeiten zu können.

Die Idee der Unternehmensführung ihm gegenüber war es, sich zukünftig seine Vorschläge durch die Gitterstäbe einer Zelle herausreichen zu lassen, um dann mit diesen Vorschlägen unter dem Wehgeschrei des Chefkonstrukteurs das Weite zu suchen – in Richtung Realisierung.

Abschlussscheu

Am Hundertmeter-Lauf beteiligen ...
99 Meter mitlaufen.

Dann:

"So, jetzt gehe ich erst einmal zum Kugelstoßen!"

Selbst 99 bereits gelaufene Meter sind ihrem Wesen und ihrer Wirkung nach nichts anderes als Anlauf.

Kommen Sie zum Ende.

Setzen Sie sich für alles eine „deadline". Werden Sie nicht zur „Open-end-Berühmtheit", nicht zum Ouvertüre-Spezialisten, sondern zum Meister für das Setzen des Schlussakkords.

Seien Sie zufrieden mit dem, was Sie geschafft haben. Hören Sie auf, Weiteres hinzuzufügen. Alles Zusätzliche hat Lieferzeiten.

Beenden ist ein Akt eigener Art.

Alles, was Sie vor dem Beenden tun, kostet Sie Arbeit. Das Beenden selbst aber kostet Sie Mut.

Bei dem Beenden handelt es sich nicht nur um den letzten Schritt der insgesamt zu leistenden Arbeit. Es ist vielmehr ein eigener, besonderer Schritt von den Anforderungen her, die ihn erst möglich machen.

Nur eine völlig zu Ende geführte Arbeit bringt Ihnen das Ergebnis und damit die Zufriedenheit, den Ansporn und die Fähigkeit zu neuen Leistungen.

Säen Sie nicht nur.

Lassen Sie sich nicht zum Narren halten von dem Spruch: „Was man sät, das wird man ernten!" Davon

End-gültig

Alles, was Sie tun, wird erst gültig, wenn Sie es beendet haben.

Also kommen Sie zum Ende.

Gezahlt wird erst am Ziel

kann keine Rede sein. Sie werden nur das ernten, was Sie ernten.

Sie können Ihr Leben lang unterwegs sein, anbahnen und säen. Dann aber fehlt Ihnen die Zeit für die Ernte. Was nutzt Ihnen das viele Säen, wenn Sie sich nur darauf konzentrieren und keine Zeit mehr haben, um das Gewachsene zu ernten?

Feiern Sie Erntedankfest.

Nehmen Sie die geschaffte Beendigung einer Arbeit mit Wohlgefallen zur Kenntnis. Tun Sie das für sich im Rahmen eines zeremoniellen Aktes.

Dokumentieren Sie für sich Ihre Leistungen in früheren Epochen. Motivieren Sie sich mit der Übersicht dessen, was Sie mit Disziplin, Ausdauer und Mut zu einem guten Ende geführt haben.

Machen Sie Ihre persönliche Ergebnishistorie für sich sichtbar und greifbar.

Lernen Sie daraus für zukünftige Aktionen. Gewinnen Sie Selbstvertrauen, Mut und Antrieb. Stellen Sie fest: „Das habe ich geleistet, das habe ich geschaffen!“

Geraten Sie möglichst nicht in die Lage, eine Dokumentation über sich verfassen zu können mit

Weltmeister im Anlaufnehmen

Säen - Säen
Säen - Säen
Säen - Säen
Ernten

Weltmeister im Realisieren

Säen
Ernten - Ernten
Ernten - Ernten
Ernten - Ernten

dem Titel: „Hiermit habe ich mich auch einmal beschäftigt. Das habe ich auch schon einmal angefangen. Da war ich auch schon einmal dran!"

Das Ende ist der Anfang.

Sehen Sie also die Beendigung einer Arbeit nicht nur als die letzte Stufe eines langen Wegs an, sondern gleichzeitig als die erste Stufe eines neuen Starts.

Solange wir leben, ist nichts beendet. Das Ende einer Aktion ist immer nur Ende eines Teils einer Gesamtoperation.

Erst die Verfolgung des Erreichten bringt Ihnen den wirklichen Erfolg.

Mit dem, was Sie erfolgreich beendet haben, haben Sie nicht nur etwas erreicht, sondern gleichzeitig auch etwas ermöglicht.

Sie haben nicht nur ein Ergebnis erzielt, sondern auch ein Potenzial geschaffen.

Das Ende ist die unmittelbare Stufe vor dem neuen Start. Teile der Beendigungsleistung sind bereits Beginn der neuen Aktion.

Gehen Sie den direkten Weg zur großen Ernte

Verlieren Sie keine Zeit damit, das Fallobst aufzusammeln, das Sie am Wege liegen sehen.

Sie kommen sonst zu spät zur Ernte und finden nichts mehr vor.

Denken Sie niemals nur in Einzelmaßnahmen. Betrachten Sie jede Einzelmaßnahme vielmehr als Teil eines übergeordneten Gesamtplans.

Leiten Sie niemals nur etwas ein, ohne gleichzeitig einen Plan für den Ausbau des erzielten Ergebnisses zu haben.

Anschaulich lässt sich das für den Verkauf beschreiben. Die Verabschiedung vom Gesprächspartner ist nicht allein die freundschaftliche Beendigung des aktuellen Gespräches. Sie ist gleichzeitig Brückenschlag zum nächsten Gespräch.

Das Ende ist nicht die erfolgreich geleistete Befriedigung der aktuellen Nachfrage, sondern gleichzeitig die Begründung einer neuen Nachfrage. Die Verabschiedung dient nicht der Beendigung des Jetzigen, sondern der Begründung des Kommenden. Sie ist eine vorweggenommene Begrüßung.

Fragen Sie sich vor Beginn einer jeden Aktion: „Wäre das dann alles? Was müsste dann kommen? Wie soll es dann weitergehen?“ Denken Sie alles viel weiter durch.

Zu den großen Strategiefehlern gehört die fehlende Vorbereitung auf eine Verfolgung. Es fehlen Pläne und Mittel. Es fehlen die Entschlossenheit, die Zeit und die Kraft. Nach dem Etappenerfolg sind die meisten so erschöpft, dass sie an einen Ausbau des Erfolges überhaupt nicht denken können.

Verfallene zeitliche Anzahlungen

Angefangen, abgebrochen:

Alles für die Katz' !

Wie viel Zeit verlieren Sie pro Jahr mit Aktionen, die Sie beginnen, aber nicht zu Ende führen?

Follow-up.

Machen Sie mit einem kreativen und professionellen „Follow-up“ aus taktischen Erfolgen strategische Erfolge.

Planen Sie Ihre Nachfassoperationen bereits vor Beginn einer Aktion. Organisieren Sie sich frühzeitig für die Nachfassarbeit. Ohne die frühzeitige Bereitstellung dessen, was Sie dafür brauchen, wird es kein Follow-up geben.

Bauen Sie erzielte Erfolge aus.

Mit dem Erfolg haben Sie den Fuß zwischen der Tür. Verabschieden Sie sich nicht, indem Sie den Fuß aus der Tür herausnehmen. Halten Sie die Tür geöffnet.

Erkennen Sie bei Beendigung einer Aufgabe die Chancen, die damit entstanden sind. Verfolgen Sie diese kraftvoll. Legen Sie keine Erholungspause ein. Ihr gegenwärtiger Erfolg ist die Öffnung eines Zuganges. Erweitern Sie diesen mit größter Schnelligkeit.

Sagen Sie nicht: „Ich habe bei meinem Partner das erreicht, was ich erreichen wollte. Jetzt muss ich auch fair sein, mich zurückziehen und ihm nicht länger auf die Nerven gehen!“

Der vorschnell Zufriedene sagt: „So, das war es!“ Der wirklich Erfolgreiche: „Sehr schön, und jetzt geht es richtig los!“

Denken Sie es zu Ende !

Was jetzt?

Was dann?

Was danach?

Und dann?

Den Erfolg im Leben bringt der Langstreckenlauf, nicht der Hochsprung.

Bedenken Sie beim Anfangen die Fortsetzung und das Ende. Wie soll es dann weitergehen?

Überprüfen Sie Ihre Kontaktstrategie. Die meisten machen den Fehler, dass sie direkt von einem Kontakt in den nächsten hineingehen.

Bevor Sie sich dem zweiten Kontakt zuwenden, nehmen Sie sich nicht die Zeit, das zu verfolgen, was Sie beim ersten Kontakt angebahnt haben. Meist können Sie sich noch nicht einmal für das bedanken, was Ihnen beim ersten Kontakt geboten wurde.

Erkennen Sie, dass Sie für jeden Kontakt drei Zeitbeträge benötigen. Sie brauchen die Zeit für die Vorbereitung, die Zeit für den Kontakt selbst und die Zeit für das Follow-up.

Sie hatten Erfolg. Sie haben etwas erreicht und ergriffen.

Zu viele gehen dann mit dem, was sich vom Errungenen in Vorhandenes verwandelt hat, stiefmütterlich um.

Ihr Blick ist allein auf das gerichtet, was sie noch ergreifen wollen.

Das Ende ist der Anfang

Es ist nicht nur die Beschließung des Jetzigen, sondern auch die Eröffnung des Kommenden.

Das Fundament für einen neuen Start

Die Kunden, die man haben möchte, werden intensiver umworben als die Kunden, die man bereits gewonnen hat.

Viele haben keinen Blick und keinen Sinn für das Vorhandene. Sie besitzen es, ohne es zu wissen, zu finden, zu nutzen und zu schätzen. Das, was sie haben wollen, bewerten sie höher als das, was sie haben.

Heben Sie Ihre vorhandenen Schätze.

Ziehen Sie nicht nur über die Zäune in fremde Gärten, um dort zu suchen und vielleicht zu ernten. Sehen Sie sich Ihren eigenen Garten näher an.

Unterschätzen und missachten Sie nicht den Nutzen, den Ihnen das Vorhandene bietet. Mobilisieren Sie das Vorhandene. Schöpfen Sie es intensiver aus. Machen Sie es stärker wirksam. Überlegen Sie, wo Sie es noch einsetzen können.

Benachteiligen Sie nicht, was ohne große Mühe für Sie hervorragend läuft.

Vernachlässigen Sie nicht Ihre besten Mitarbeiter, Ihre loyalen Kunden, die Erzeugnisse und Dienstleistungen, mit denen Sie keine Probleme haben.

Der Erfolg beginnt mit der Verfolgung

Reservieren Sie dafür die Zeit und Kraft.

Planen Sie bei allem, was Sie beginnen, bereits am Anfang das Follow-up.

Kein anständiges Menü endet beim Hauptgericht. Sie brauchen eine Dessertteil-Strategie.

Benachteiligen Sie nicht das stille Positive zugunsten der sich in den Mittelpunkt drängenden randalierenden Randgruppen.

Liefern Sie dem stillen, stabilen Vorhandenen mehr Wertschätzung, Zuwendung und Unterstützung. Ziehen Sie keine Kräfte ab. Verzetteln Sie sich nicht an anderen Stellen.

Ohne die stabilisierende Wirkung des positiven Vorhandenen hätten Sie es bei allem, was Sie neu beginnen, sehr schwer.

Uns allen ist klar: Die Wirtschaft braucht Gründer!

Ohne Neugründungen geht es nicht. Sie sind wichtig und nicht nur aus wirtschaftlichen Gründen.

Die neuen Gründer beschenken uns mit dem Geist des Aufbruchs. Sie demonstrieren Mut, Selbstvertrauen und Tatkraft. Sie bewegen Lasten, statt anderen zur Last zu fallen. Sie nehmen Mühen und Risiken auf sich, um frei zu werden und frei zu bleiben.

Doorman-Mentalität

Goldmine entdecken.
Lageplan verteilen.
Andere zur Mine befördern.
Ihnen das Gold überlassen.

Selbst davonziehen.
Neue Goldminen suchen.
Lageplan verteilen ...

Öffnen Sie nicht nur Türen.
Leben Sie nicht nur
als Pionier und Scout.
Ernten Sie endlich
die Früchte Ihrer Arbeit!

Was ist jedoch mit den ehemaligen Gründern?

Welchen Wert haben sie für unser Gemeinwesen? Was ist mit denen, die seit Jahrzehnten im Rahmen des von ihnen einmal Gegründeten tagtäglich Neues bewirken?

Was ist mit denen, die schon lange nicht mehr Gründer genannt werden, obwohl sie das, was sie einmal gegründet haben, ständig neu begründen müssen?

Jetzt, wo sie seit vielen Jahren maßgeblich dazu beitragen, unser Gemeinwesen zu finanzieren, hat man sie mit einem Ehrentitel versehen.

Sie gelten jetzt als die so genannten „Besserverdienenden", obwohl es der Wahrheit mehr entspräche, sie warmherzig und liebevoll als die „Hochbesteuerten" zu bezeichnen.

Fördern Sie beides: das Neue und das Vorhandene.

Erkennen Sie die neuen Möglichkeiten, die Ihnen das Vorhandene bietet. Reaktivieren Sie es. Reanimieren Sie es. Wiederentdeckung und Wiederbelebung sind auch Arten der Innovation.

Fragen Sie sich, bevor Sie an eine neue Lösung herangehen, wie Sie mit dem Vorhandenen anders umgehen müssten, um so vielleicht noch leichter an eine richtige Lösung heranzukommen.

Streben Sie nicht nur danach, etwas zu gewinnen, was Sie noch nie hatten. Gewinnen Sie entschlossen das zurück, was Sie einmal besaßen.

Was ist Ihnen abhanden gekommen?

Was ist Ihnen aus der Hand geglitten, ohne dass Sie das bis jetzt richtig erkannt haben?

Was konnten Sie leisten? Wie waren Sie organisiert? Welcher Stil und welche Klasse waren da? Welches Niveau und welche Qualität? Welcher Umgang miteinander, welche gegenseitige Unterstützung, welche freundschaftliche Verbundenheit aller Beteiligten, welches Vertrauen, welche Verlässlichkeit und welche Loyalität?

Machen Sie einen Versickertest, um es herauszufinden. Legen Sie einen Stufenplan für die Rückgewinnung fest.

Wenden Sie sich selbstverständlich entschlossen dem Neuen zu. Gehen Sie aber genauso entschlossen daran, das wieder zu werden, was Sie einmal waren, und das Können und Verhalten zurückzugewinnen, über das Sie verfügten.

In unserer Welt geht mehr an vorhandenem Wertvollen verloren, als sich an neuem Wertvollen hinzugewinnen lässt.

Greifen Sie also nicht nur zu, sondern entwickeln Sie und bewahren Sie das Bestehende.

Sagen Sie nicht: „Wir bauen uns ein neues Dachgeschoss und bezahlen es dann mit dem Fundament."

Sichern und stabilisieren Sie das,
was Sie an Wertvollem besitzen.
Nehmen Sie es als Basis
und gehen Sie dann – voran.